A MUST–READ BOOK
FOR TECHNICAL ANALYSIS OF STOCKS

跑赢下一个大牛市

股票技术分析必修课

马曼然 著

WUHAN UNIVERSITY PRESS
武汉大学出版社

图书在版编目(CIP)数据

跑赢下一个大牛市:股票技术分析必修课/马曼然著. —武汉:武汉大学出版社,2012.5

　　ISBN 978-7-307-09688-2

　　Ⅰ.跑…　　Ⅱ.马…　　Ⅲ.股票投资—基本知识　　Ⅳ.F830.91

中国版本图书馆 CIP 数据核字(2012)第 063359 号

责任编辑:夏敏玲　　沈以智　　　责任校对:黄添生　　　　版式设计:韩闻锦

出版发行:武汉大学出版社　　(430072　武昌　珞珈山)
　　　　　(电子邮件:cbs22@whu.edu.cn　网址:www.wdp.whu.edu.cn)
印刷:武汉中科兴业印务有限公司
开本:720×1000　1/16　印张:12　字数:147 千字　插页:1
版次:2012 年 5 月第 1 版　　2012 年 5 月第 1 次印刷
ISBN 978-7-307-09688-2/F·1663　　　定价:28.00 元

序

曾 星

当前市面上关于技术分析的书很多，介绍的技术方法也是五花八门，但真正有效的技术分析方法可谓少之又少，一般读者很难分辨也没精力去分辨哪类方法更有效，更适合自己。本书作者根据多年的成功实践经验，挑选出目前市面上那些少数真正有效的技术方法，并进一步将这些技术理论与中国股市结合，以利于读者步入正确的路径。

这是一本系统而又有特色，专业而又通俗易懂，既有理论又有实战的股票投资实战大全，适合各层次水平的普通投资者学习和应用。

炒股票无非就两种方式，投资和投机。如果投资的话，你可以去研究基本面，研究价值与价格之间的关系，承受中短期的波动，以享受与企业共同成长的利润，这需要你有超强的选股与忍耐价格波动的能力。如果你想通过股价波动获取差价收益的话，也就是中国人俗称炒股的话，你就必须学习技术分析，因为技术分析是对人类行为模式的一种精确的描述，而技术分析中大约只有不到10％的方法是有效的。学习那有效的10％才是成功的第一步，否则一旦入错门，你付出再多的精力也是无效的。

技术分析为什么有效？首先，技术分析是历史经验的总结，其有效性是以概率的形式出现。实际上，技术分析，究其本源是相对于基本分析而言的，两种方法各有长处。技术分析主要研究市场行为，基础分析则集中考察导致价格涨、落或持平的供求关系。基础分析者为了确定某商品的内在价值，判断价格与内在价值之间是否出现偏差，进而决定买卖。技术分析与基本分析相结合，则有效性能得到更大的提高。

由于普通投资者获取信息的能力有限，尤其是在金融衍生品泛滥的今天，依靠技术分析相比听取片面的基本面信息更有意义。正所谓，"市场行为包容一切"构成了技术分析的基础。技术分析之所以能够在华尔街长存的根源在于，影响价格的所有因素——经济、政治、社会因素——实际上都会通过价格得到体现。价格消化了各种已知的、可预见的事，以及各种可能影响股票供给或需求的情况，即使是天灾人祸，在发生以后，也能迅速被市场消化，以价格的波动进行体现。不去研究价格波动的原因，与打扑克牌时不看自己手中的牌是一样的道理。

技术分析的另一大理论核心是，历史总会重演。技术分析与市场行为学、人类心理学有关。价格形态通过特定的图表表示了人们对某市场看好或看淡的心理。过去有效，未来同样有效。"上涨——下跌——再上涨——再下跌"，周而复始成为价格走势的特点。波浪理论、道氏理论、黄金分割之所以能流传，就是因为它们不仅在过去是有效的，将来还会有效。

最后，还要提醒大家的是，技术分析是非常严谨的，书里面介绍的方法力图将投资者带入正确的轨道。需要提醒的是：在你进入实际操作时，要与你自己的心态搏斗。分析和赚钱是两种完全不同的技能。另外，我们是无法在岸上学游泳的，只有金融投资才能使你为金融投资做好准备。

（曾星（Jason Zeng），美国黄金率投资顾问公司总经理，全球帝纳波利点位交易法专家；曾任美国美洲银行财务总部高级金融分析师、美国布莱特期货基金的合伙人和注册经理人。）

目 录
CONTENTS

融会经典　把握新牛市

　　2011 年的中国 A 股市场依然处于令人绝望的持续阴跌之中，距离 2007 年 6124 点的高点已有四年时间，A 股无论是估值水平还是中长线技术指标，都已跌至历史极低水平。与寒冷的股市相反，我的内心越来越澎湃，我相信又一个大底即将筑成，赚大钱的机会又来了。

　　在牛市的脚步逐渐临近的时刻，我开始萌生一股写作的冲动，并在朋友的支持和帮助下，将这一想法变为实践。

　　本书大致涵盖了技术分析领域的主流理论和技术指标，并一一列举各种理论的主要用法和注意事项。虽然技术分析在众多投资者眼中一直被视为制胜的法宝，其有效性在实际操作中也一再被证实有效，然而任何事物都不是绝对的，今天所使用的技术指标都是成功经验的总结，根据统计数据表明技术分析有效性是以概率形式出现的，不同技术指标的适用范围在不同条件下也是不同的。

　　我们知道，影响股价走势的技术因素有很多，包括趋势、形态、成交量、速度、力度、时间、空间、作用力和反作用力等。这些因素相互联系并相互影响。在操作过程中，我们需要不断地学习并将方方面面的知识融会贯通，这样才可以提高判断的准确率并减少误判的发生。

目前许多分析人士喜欢将某一种指标套用在所有的形态中，这种做法有着很大的缺陷，因为同一种技术指标运用在不同的技术形态上往往有着不同的特点；同时，所有的指标几乎都有它的缺陷。技术指标的正确用法是：根据不同的浪形和浪级（即根据股价运行的不同阶段）以及不同的形态来选择不同的指标组合（不同的指标所反映的股价运行的内涵是有差别的，因此组合指标所反映的东西就相对来说较为完整）。所以，将各种指标生搬硬套牵强使用或者闭门造车自编自演的做法在技术分析中都是大忌。

需要提醒的是，"我具备股票投资成功所必需的个人素质吗？"这是你进行投资之前最为关键的一个问题。对于普通投资者来说，克服盲目投资的毛病，获取正常利润就是成功，并非一定要成为什么大师。成功的投资所必需的个人素质应该包括：耐心，自立，常识，对于痛苦的忍耐力，心胸开阔，超然，坚持不懈，谦逊，灵活，独立研究，能够主动承认错误以及能够在市场恐慌中不受影响保持冷静。

投资者还需认识到，没有人天生就能够摆脱贪婪、恐惧等因素的干扰。超然的纪律往往是经过后天的大量学习与实践而形成的。

当你决定依靠自己进行投资时，你应该学会独立思考。这意味着你只依赖于自己的研究分析而进行投资决策，而不会被小道消息、股票专家的建议所影响，这也意味着你不要理会本书中关于投资分析的一切方法与结论。为什么？至少有以下三个很好的理由：（1）书中给出的观点也可能是错的！（2）即使有些被证明的确如此，但你与我也无法弄清哪些是真理，哪些是谬误；（3）我的方法基于我个人情况，我的分析基于我自身的知识范围，这可能不适合于你，你应该建立属于你自己的投资体系。

Chapter 1

技术分析的必修课——道氏理论

道氏理论的历史起源

在证券市场上，存在最为久远、传播最为广泛的技术理论，无疑要数道氏理论。人们将道氏理论视为现代技术分析的鼻祖，因为它为现在所有图表走势奠定了理论基础。

在股市中几乎每个人都听说过道氏理论。即使未曾听过，也肯定会接触过道氏理论的原则，比如牛市和熊市等专有名词。可惜的是，道氏从未为其理论著书立说，这是我们的一大损失。

19 世纪末，查尔斯·H. 道曾在华尔街日报上发表了一系列评论，公布了他对股票市场行为的研究心得。1902 年，在道去世以后，威廉·彼得·汉密尔顿、罗伯特·雷亚、理查德·罗素和 E. 乔治·施佛进一步发展了道氏理论，但从未改动过它的基本原则。他们所著的《股市晴雨表》、《道氏理论》成为后人研究道氏理论的经典著作。

我们一般所称的"道氏理论"，是查尔斯·H. 道、威廉·彼得·汉密尔顿与罗伯特·雷亚等三人共同的研究结果。查尔斯·H. 道是道琼斯金融新闻服务的创始人、《华尔街日报》的创始人和首位编辑。道曾经在股票交易所大厅里工作过一段时间，后来，道设立了道琼斯公司，出版《华尔街日报》，报道有关金融的消息。期间，道写了许多市场评论，讨论股票投机的方法。事实上，他并没有对他的理论作系统的说明，仅在讨论中作出片段报道。

道在 1895 年创立了股票市场平均指数——道琼斯工业股指数。该指数诞生时只包含 11 种股票，其中有 9 家是铁路公司。直到 1897 年，原始的股票指数才衍生为二，一个是工业股票价格指数，由 12 种股票组成；另一个是铁路股票价格指数。到 1928 年，工业股指的股票覆盖面扩大到 30 种，1929 年又添加了公用事业股票价格指数。

价格运动的三种趋势

道氏理论之所以称为技术分析的开山祖师爷，是因为迄今大多数广为使用的技术分析理论都起源于道氏理论，都是其各种形式的发扬光大。所以，我们很有必要先介绍一下道氏理论，然后再开始研究技术分析。

根据道氏理论，股价运动有三种趋势，其中起主导作用的是基本趋势，即股价广泛或全面性上升或下降的趋势。这种基本趋势持续的时间通常为一年或一年以上，股价波动的总幅度较大。基本趋势向上就形成了多头市场或牛市，基本趋势向下则形成了空头市场或熊市。股价运动的第二种趋势称为次级趋势。次级趋势经常与基本趋势的运动方向相反，并对基本趋势产生一定的牵制作用，因而也称为修正趋势。这种趋势持续时间从三周至几个月不等。价格运动的第三种趋势称短期趋势，反映了股价在几天之内的变动情况。修正趋势常常由三个或三个以上的短期趋势组成。

在三种趋势之中，长期投资者关心的是基本趋势，其目的是为了尽可能地在多头市场早期买入，而在空头市场形成前及时卖出。短线投机者则对修正趋势比较关心，他们想从市场的短期波动中获利。而短期趋势的重要性相对较小，且易受人操纵，因而不便作为趋势分析的对象。

道认为，人们一般无法操纵股价的基本趋势和修正趋势，只有国家的财政部门才有可能进行有限的调节。

道氏研究的媒介是他发明的股市平均价格，即工业股票价格指数和铁路股票价格指数。但是，道氏理论完全适用于当今全球股票与期货的主要价格指数。

道的全部作品都发表在《华尔街日报》上，以下是他的一篇发表于1901年7月20日的文章——《价格与趋势》，几乎未作改动，此时距北太平洋铁路公司股票抛售引发的恐慌刚刚过去10周。当道写这篇文章时，他清楚中期上升趋势并没有终结，这次下跌只是牛市中出现的一次非常猛烈的次级趋势。他是先从单个股票谈起的，并已经利用形态理论分析市场走势：

有一种所谓的登记方法。根据价格的实际变化把它记录下来，一次变化即为一个点，由此可以得到一条大体呈水平方向，但是随着市场的上下波动而出现倾斜的曲线。一个比较活跃的股票的价格有时停留在很狭窄的范围内，比如说两点之间，直到这些数据形成一条相当长的水平线为止。这条线的形成有时表示这只股票正处在囤积期或抛售期，这又将导致其他人在同一时间买进或卖出。为取得股票而进行的操纵行为经常可以用这种方法观察出来，过去 15 年的记录似乎证明了这一点。

另一种方法是所谓的双重顶点理论。交易记录表明，在多数情况下当一种股票的价格到达顶点时将会适度下跌，然后重新达到接近高点的价位。如果此后价格再次下跌，则下跌的幅度很可能会加大。然而，许多试图仅以这个理论为依据进行交易的人都发现，存在许多例外情况，并且在许多时候无法得到所需的信号。

有人以平均指数为依据进行交易，事实上，市场在一个相当长的时期内前进和衰退的天数是大体相当的。如果出现了一个连续前进的时期，几乎必然会出现一个衰退时期与之保持平衡。

这个体系的问题在于小运动总是包含在大运动之中，机会均等的趋势总是倾向于均等的发生，每种组合都可能出现。经常存在着一种长期的运动或连续很多天的上升或低落，从长期的观点看，它们是符合这种理论的；但是从许多连续的短期的观点看，任何以此为基础进行的交易都将遭到失败。

以运动和反运动的法则为基础而建立的理论是更实用的。市场中的基本运动通常都包含着一次至少达到其 3/8 规模的反向作用的次级运动，这似乎是个事实。如果一种股票上涨了 10 点，它很可能会再下跌 4 点以上。这个法则似乎很灵验，无论上涨的幅度有多大。

预先确定任何基本运动的长度是不可能的，但是它走得越远，这种反作用就越大，从而根据这种反作用成功地进行交易的确定性也越大（这个部分被许多人忽略了）。

有些经验丰富的交易者使用一种反应的方法，其理论依据是：市场总是或多或少地处于被操纵状态。希望推动股市上扬的交易者不会去购买所有的股票，而只是通过正当途径或者以操纵手段买进两三种龙头股，然后静观其他股票受到的影响。如果市场心理高涨，人们都把股票握在手里，那么看到这两三种股票上扬的人就会立即开始购买其他股票，从而把市场提升到一个更高的阶段。这就是公众的反应，它预示着龙头股将会继续上涨，整个市场将紧随其后。

然而，如果龙头股的上涨并未引起其他股票的跟涨，这就表明公众不愿意买进。一旦这种情况明朗之后，推动价格上扬的努力通常也将停止。这种方法特别适合于那些密切关注股市变化的人，但是我们也可以在一天结束后阅读交易记录，以发现哪种股票在特定的时点上被人选中以及整个市场是否随之上扬（这个部分包含了相互验证的思想）。

从价值的角度来分析市场是一种最好的方法。市场并不像一只在风中摇摆不定的气球。从整体上看，它代表着一种严肃的、经过深思熟虑的努力，那些有远见、信息充分的人正在试图让价格与现存价值或在不久以后将存在的价值相适应。出色的交易者所想到的并不是价格能否被抬高，而是他想购买的资产能否让投资者和投机者们在半年内以高于现有价值10~20个百分点的价格买进股票（道氏非常重视价值分析，并认为价格的变化是有规律，并且这个规律是可以为人们所认知的）。

道氏的两大理论

不难看出，对于道而言，从看似杂乱无章的市场运动中，他发现市场并不像风中的气球那样飘浮不定，而是在有序地运动。道阐明了两个业已经受住时间考验的理论。他的第一理论是，市场在其主要上升趋势中以三次向上的运动为特征。他将第一次运动归结为从前面主要跌势的价格过度悲观开始的反弹；第二次向上运动与企业和利润的改善联动；第三次，而且是最后一次运动是价格与价值的背离。他的第二个理论是，在每个市场运动——无论是上还是下——的某一点，会有一个将这次运动抵消3/8或更多的反方向运动。

首先，我们看道的第一个理论——三次向上运动说。一般而言，一轮牛市（或熊市）都会出现三次向上的运动。第一次运动，称为积累阶段。以熊市末尾牛市开端为例，此时所有基本面上的坏消息都已经被市场所包容消化，部分聪明的投资者开始入场逐步买进被严重低估的证券，引发了一波见底之后的回升。第二次运动，消息面，无论是企业的基本面还是宏观经济层面开始欣欣向荣，大多数顺应趋势的投资者开始大规模进入市场，导致价格快速上扬。第三次运动，即最后一次运动，报纸上好消息连篇累牍，经济新闻捷报频传，大众投资者积极入市，活跃地买卖，但过高的股价已经反映了所有的利好预期，投机性交易量日益增长。正是在这个最后一次运动中，看起来谁也不想卖出，但是那些当初在熊市的底部别人谁也不愿买进的时候乘机"积累"、步步吃进的精明人，开始"消散"，逐步抛出股票平仓。

熟悉艾略特波浪理论的读者肯定不会对上述关于大趋势的三部曲及其各具特色的划分感到陌生。在20世纪30年代出版的罗伯特·雷亚的《道氏理论》的基础上，艾略特构造了他自己的波浪理论。艾略特也认识到牛市有三个主要上涨阶段。在本书的波浪理论一节中，我们将表明，道氏的牛市三部曲同波浪理论的波浪个性惊人的相似。

道的第二个理论——价格折返说。价格折返与主流趋势相左，属于大趋势中的次级趋势，这是价格在其沿着基本趋势方面演进中产生的重要回撤，也就是俗话说的调整走势。它们可以是在一个牛市中发生的中等规模的下跌或"回调"，也可以是在一个熊市中发生的中等规模的上涨或"反弹"。在一般情况下，价格回撤到沿基本趋势方面推进幅度的1/3到2/3。即在一个牛市中，在次级趋势到来之前，上证指数可能稳步上涨200点，其间伴随着一些短暂的或很小的停顿，这样在一轮新的中等规模上涨开始之前，这一回调可望出现一个 80 点以上的下跌。然而，我们必须注意，这 3/8 只是一个大致的可能性，更多的情况应该是 0.382、0.5 和 0.618 等黄金分割位，大多数次级趋势都在上述范围之间，这点我们会在波浪理论一节中详细阐述。

互相印证原则

正如道曾经观察到的那样，航标可以随着海水的涨落被冲到海边的沙滩上，以指明潮水的方向，这同用走势图来显示价格如何运动完全一样。由经验得出了基本的道氏理论原则，也就是既然平均指数（工业股指和铁路股指）都是同一个市场的组成部分，那么一个平均指数的波动与另一个的相协调才可靠。因此，仅由一种平均指数形成的趋势向价格新极点的运动，是一种被认为缺乏其他平均指数"印证"的新高或新低。由此就引发了技术分析领域的另一重大发现：相互印证原则。如今，相互印证原则已经广泛应用在各种技术指标或理论当中。任何仔细研究过市场记录的人士都不会忽视这一原则的价值。这也表明，市场趋势中不是一种指数就可以单独产生有效信号的。

道的相互印证原则主要是指各种平均价格指数必须相互验证。具体而言，道是指工业股指数同铁路股指数应相互验证，意思是除非两个平均价格都同样发出看涨或看跌的信号，否则就不可能发生大规模的牛市或熊市。换句话说，为了标志牛市的发生，两种平均价格都必须涨过各自的前一轮波浪的峰值。如果只有一个平均价格突破了前一个高峰，那还不是牛市。两个市场倒也不必同时发出上涨信号，不过在时间上越近越好。如果两个平均价格的表现相互背离，说明市场内部力量出现分歧，那么我们就有必要对原有趋势的可持续性持怀疑态度。

互相印证原则往往在重大的顶部或底部发挥着关键的作用。以美国道琼斯工业指数和运输股指数为例，既然这两种指数同属于市场的一部分，那么，这两个平均指数必须确认彼此的方向。因此，当市场处于"健康的"上升趋势当中时，两种平均指数都应当产生收盘价的新高；反之亦然。当同属一个市场中的两个指数中，只有一个指数在既成趋势中创出了新高或新低，另一个则没有创出新高或新低，就可以被认为这是一种缺乏"相互印证"的新高或新低，这就叫"背离"。当然，背离信号需要随后的市场趋势果真出现了逆转才能确认成立。

美国股市在 1995—2008 年出现三次重大的趋势转向（参见图1-1、图 1-2 中的 A、B、C）。无一例外，每次转折之时，道琼斯工业指数与道琼斯运输指数都出现了月线级别的背离信号。另外，背离信

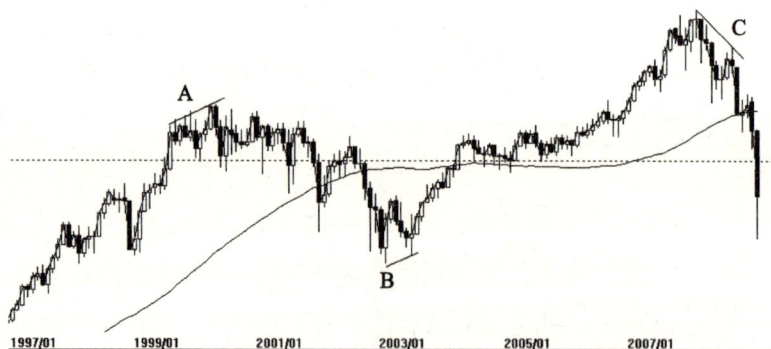

图 1-1　道琼斯工业股指数月 K 线图（1996 年 8 月至 2008 年 10 月）

图 1-2 道琼斯运输股指数月 K 线图 （1994 年 9 月至 2008 年 10 月）

号不仅限于股票市场，还可以应用于期货市场，甚至可以将股票与期货市场结合在一起去使用。例如图 1-3、图 1-4 所示，埃克森美孚公司与美国原油期货价格走势的巨大背离，很好地预示了石油泡沫的形成与破灭。

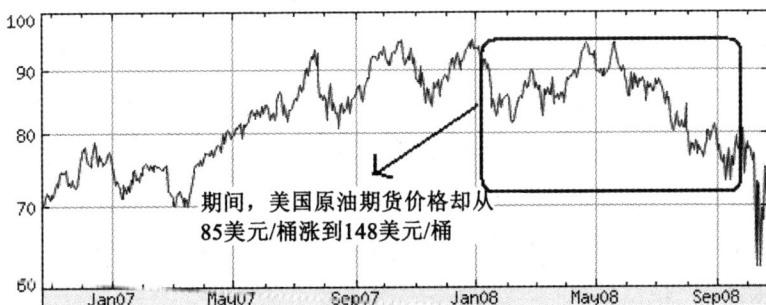

图 1-3 埃克森美孚公司股票走势图 （2006 年 10 月至 2008 年 10 月）

不过，并非每个市场的转折点都会出现类似的背离，但背离信号出现的概率之高，足以引起我们的重视。所以，未来无论我们从事何

期间，美孚石油股票先于美国原油
期货下跌。这一背离信号说明：这
轮油价的暴涨不是源自供求关系，
而是对冲基金的炒作造成的，这
就是泡沫！

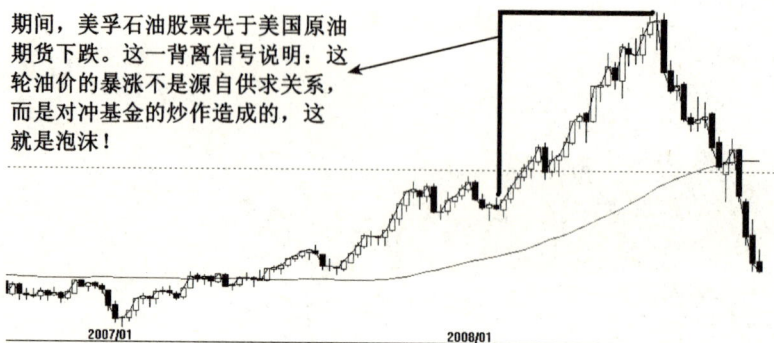

图 1-4　美国原油期货价格周 K 线图（2006 年 10 月至 2008 年 10 月）

种交易，都应该留意市场中的背离，信号一旦出现，我们将占得
先机。

　　按照相互印证原则，笔者查看了 A 股历史上八次重大的转折点，
发现其中有四次在市场转折时，上证指数与深圳综合指数出现了背离
信号，还有一次是上证指数与深圳成分指数出现了背离信号。这八次
重大转折的时间分别是：1993 年 2 月、1994 年 8 月、1996 年 1 月
（背离）、1997 年 5 月、1999 年 5 月（背离）、2001 年 6 月（上证指
数与深证成分指数背离）、2005 年 6 月（背离）和 2007 年 10 月
（背离）、2008 年 10 月（深圳综合指数与上证指数未背离）。其中如
图 1-5、图 1-6 所示，中国股市自 2005 年以来发生了三次重大的转
折。除了 2008 年 10 月那次大底部例外，其余两次大级别转折都出现
了周线级别的背离信号（参见图 1-5、图 1-6 中的 A、B）。根据笔者
的经验，由快牛或速熊发生的转折不容易出现背离信号，而慢牛或慢
熊往往都会在转折点出现背离。如 2005 年 6 月和 2007 年 10 月这两
次缓慢的反转。

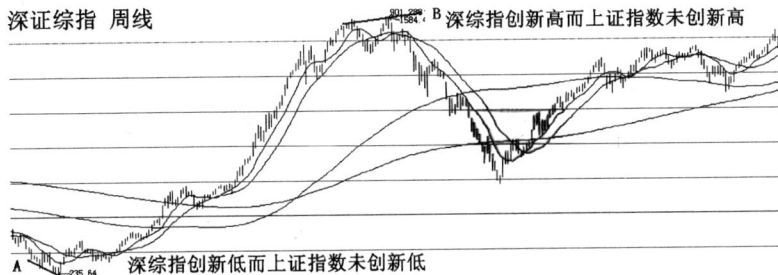

图 1-5 深圳综合指数周 K 线走势对数刻度图（2005—2010 年）

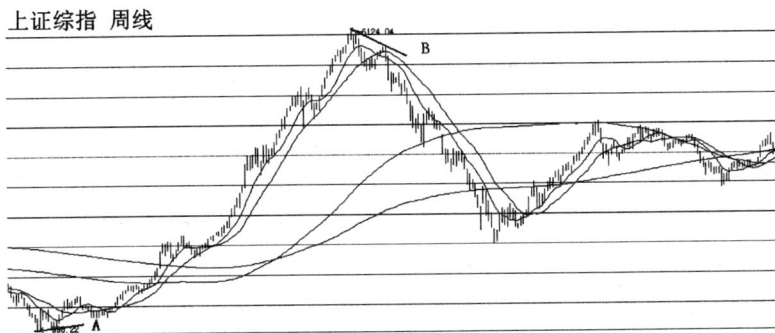

图 1-6 上证指数周 K 线走势对数刻度图（2005—2010 年）

　　成交量与趋势之间也必须满足相互印证的规则。根据成交量也可以对主要趋势做出一个判断。通常，在多头市场，价位上升，成交量增加；价位下跌，成交量减少。在空头市场，当价格滑落时，成交量增加；在反弹时，成交量减少。当然，这条规则有时也有例外。因此，正确的结论只根据几天的成交量是很难下的，只有在持续一段时间的整个交易的分析中才能够做出。在道氏理论中，为了判定市场的趋势，最终结论性信号只由价位的变动产生。成交量仅仅是在一些有疑问的情况下提供解释的参考，有助于分析一些令人困惑的市场行情。关于相互印证和相互背离，我们以后还要详细解说。

道氏理论的几点遗憾

著名早期投资家巴鲁克曾一语道破天机，"但是，实际在股票市场震荡中记录下来的"，"不是各种事件本身，而是人类对这些事件的反应。简言之，成百上千的男男女女是如何感受这些事件的可以影响他们的未来"。他补充道："换言之，股票市场首先是人。正是人在试图预言未来。而且正是这种强烈的人性使股票市场成了一个如此富有戏剧性的舞台，在此男男女女投入了他们互相冲突的判断，他们的希望与恐惧、力量与软弱、贪婪与幻想。"

市场指数会反映每一条信息——每一位对于金融事务有所了解的市场人士，他所有的希望、失望与知识，都会反映在上证指数与深圳指数或其他的什么指数每天的收盘价波动中。市场指数永远会适当地预期未来事件的影响。如果发生火灾、地震、战争等灾难，市场指数也会迅速地加以评估。在市场中，人们每天对于诸如财经政策、扩容、领导人讲话、机构违规、创业板等层出不尽的题材不断加以评估和判断，并不断将自己的心理因素反映到市场的决策中。因此，对大多数人来说，市场总是看起来难以把握和理解的。

道的最大贡献在于，他发现了价格运动中的基本原理，将看似随机行走的价格运动与人类的情绪巧妙地结合在一起。作为一种理论，道氏理论是完美的，伟大的，任何皈依技术的投资者都不可能无视它的存在。

当然，在实际操作中，相比波浪理论，道氏理论最大的弱点在于它只是泛泛地解释了价格运动背后的思维逻辑，并没有将其进一步细化。从某种角度来说，道氏理论更像是大写意，而波浪理论则为工笔画。

道氏理论主要探讨股市的基本趋势。一旦基本趋势确立，道氏理论假设这种趋势会一路持续，直到趋势遇到外来因素破坏而改变为止。就像物理学里牛顿定律所说，所有物体移动时都会以直线发展，除非有外来因素力量加诸其上。但有一点要注意的是，道氏理论只推断股市的大势所趋，却不能推断大趋势里面的升幅或者跌幅将会走到哪个程度。同理，折返原则也是一样。波浪理论很好地弥补了这一缺陷。

另外，实战者有时也会指责道氏理论的"信号太迟"。比如许多读者在应用道氏方法的时候会感觉到，虽然道氏理论逻辑没有问题，但当看到买入或卖出信号时，市场已经从低位或高位运行了主要趋势的 1/3，错过了最佳的交易时点。比如 2008 年上证指数从最低点 1664 点向上反弹直到 2009 年的最高点 3478 点结束，一个严格按照道氏理论的交易者不可能会在 1664 点就能够识别出市场已经见底，往往会错过第一波上涨，在第二波上涨开始并突破第一波高点之后才会买入，那时的点位就已经涨到了 2000 点之上了。相比道氏理论，波浪理论在提前预知未来方面有一定的优越性。

但话又说回来，对于一般的投资者而言，根据市场以往的走势来看，在反转形态未确立时逆势进场，经常会惨遭套牢，就算真的抓到真正顶部或底部的价位，由于构筑顶部或底部的过程经常会上下震荡来回数次，很容易造成投资人因时间拖长而失去耐心，或因多次的来回震荡而"信心丧失"，最后提早出场，错失了最容易获利幅度，即最大的"主升段"或"主跌段"。所以，抓住主要趋势就足够了，在反转形态没有明确出现之前，耐心等待是稳妥的方式。

还有就是道氏理论注重长期趋势，对中期趋势，特别是在不知是牛市还是熊市的情况下，不能带给投资者明确启示。

当然，道氏理论也并非不出错。这是理所当然，其可靠程度取决于人们对其的理解和解释。但是，再强调一下，上述记录本身就说明了问题。

道氏理论常令投资者疑惑不定。有时这是可能的，但并不总是这样。道氏理论对主要趋势走向的问题总会给出一个预测，而这一预测在新的主要趋势开始的短期之内是未必清楚和正确的。有时，一个优秀的道氏分析家也会说："主要趋势仍然看涨，但已处于危险阶段，所以我也不知道是否建议你现在买进。现在也许太迟了。"

然而，上述这一异议常常只是反映批评者本身难以接受"股价指数包容了一切信息和数据"这一基本概念。对于"做何种股票"这一问题，道氏理论的原则往往与其他途径所得的结果不相一致，因而会使人对道氏理论产生怀疑。而毫无疑问，道氏理论往往更接近于事实。

这一评论在另一方面也反映了一种急躁心理。道氏理论无法"说明"的阶段可能会持续数周或数月之久，活跃的交易者往往本能地作出有悖于道氏理论的决策，但在股票市场中，耐心同样是一种美德——实际上，如果要避免严重的错误，这是必需的。

道氏理论更适用于具备广泛性交易的综合指数，但对于多数投资者来说，只进行指数的买卖似乎太过于局限。虽然大多数的个股走势都与主要趋势一致，但许多时候个股会受到自身消息的影响，很难和指数达成完全统一的脚步。道氏理论不会，也不能告诉你该买进何种股票。如何挑选个股也是我们后文要重点阐述的问题之一。

名词解释

算术刻度与对数刻度

近年来，几乎所有股票的价格图表都是我们所知道的普通或者说算术刻度图表，不过，在进行某些形式的分析，特别是在研究非常长期的趋势时，使用对数刻度图表可能更为便利。现在越来越多的技术人士习惯使用对数刻度坐标（有时也叫做百分比坐标）。

就我们自身的经验来说，对数刻度坐标有其优势，一般应用于幅度较大的情况或长期趋势中，而本书的许多图表也是采用它。算术坐标一般应用于短期趋势中，它与半对数刻度坐标的区别一眼就可以看出。在算术坐标图上，竖直方向上，相同距离代表相同价格变化数量，而在半对数刻度坐标上，它表示相同百分比变化。即是说，在算术坐标上，竖直方向从 10 到 20 之间的距离与从 20 到 30 或从 30 到 40 之间的距离完全相同；而在对数坐标上，从 10 到 20 之间的差距是 100% 的增加幅度，与 20 到 40 或从 40 到 80 的增幅相同，它们均表示增加 100%。毕竟投资者关心的不是盈利的绝对额而是百分比例。

Chapter 2

价格走势的韵律——波浪理论

"当我们经历了许多难以想象与预测的经济景气变化，诸如经济萧条、大跌以及战后重建和经济繁荣等，我发现艾略特的波浪理论和现实经济的发展脉动之间竟是如此地相互契合。对于艾略特波浪理论的分析、预测能力，我深具信心。"（《艾略特波浪理性——市场行为的关键》）

波浪理论影响如此之广泛，以至于在每天与股市有关的媒介上都能找到谈论目前正运行第几浪的第几浪的文章。然而，波浪理论又如此深奥与精辟，以至于绝大多数踏浪者仅仅知其皮毛。

波浪理论的历史起源

有人评价道："如果选出 20 世纪最有价值的发现的话，艾略特波浪理论应该是其一，因为它是自然界波动规律的数学公式。"

实际上，波浪理论的价值可以应用到自然界的各个层面，只不过股票价格的波动更记录了个中规律。事实上，拉尔夫·纳尔逊·艾略特本人在发现该理论之时，也曾未涉足股票市场，他竟然是在养病期间，通过对道琼斯指数走势的观察而发现了波浪理论。

在 20 世纪 30 年代，拉尔夫·纳尔逊·艾略特发现股票市场价格可以识别的模式趋势运动和反转。他辨认出的这些模式在形态上不断重复，但并不一定在时间上或幅度上重复。艾略特分离出了 13 种这样的模式或"波浪"，它们在市场的价格数据中反复出现。他给各种模式命名、定义并图解。他随后解释了它们如何连接在一起，形成其自身的更大版本，以及它们如何依次相连形成大一级的相同模式，依此类推，这产生了结构化的价格前进。艾略特称这种现象为波浪理论。

实际上，对于那些愿意去深入了解波浪理论的人而言，波浪理论并非那么玄奥难懂，波浪理论的基础是非常简单的。波浪理论的大多数原理与道氏理论包括我们日常所使用的图表技术非常吻合。然而，波浪理论又向前迈了一步，对市场运作具备了全方位的透视能力，从而有助于解释特定的形态为什么要出现，在何处出现，以及它们为什么具备如此这般的预测意义等问题。另外，它也有助于我们判明当前的市场在其总体周期结构中所处的地位。

在道氏理论一节中，我曾指出道氏理论的种种缺陷，比如有一定的滞后性等。但是，艾略特波浪理论对即将出现的顶部或底部却能提前发出信号，而这一点事后才为那些较为传统的方法所验证。以后，我们将力图指出波浪理论同更经典的图表技术的共同之处。

波浪理论的价值

时机是宇宙中的主要元素之一。我们将一年的各个时期分为四季：春、夏、秋、冬。我们认识到白天是活动的时间，而晚上是放松和休息的时间。

就投资时机而言，时机是最重要的元素。买什么是重要的，但什么时候买更重要。投资市场本身逐步预言了它们自己的未来。波浪通过它们的模式指出了市场的下一轮运动，对它的起点和终点能够明确地和结论性地进行分析。

史蒂芬·韦恩斯是畅销书《生活在危险年代》的作者，在其所著的《恐慌与机会》一书中进行了一项研究，发现投资股票的购买力每10年零6个月翻一番。21年后会使投资者的财富增加4倍。42年后，股市聚集的财富将呈现购买力增长16倍。从1800年起用1美元投资股票，然后将投资收益再投资，到1992年年末总价值会达到305万美元；同样的方式，如果投资于政府债券则是6620美元；如果投资于国库券则是2934美元；而如果投资于黄金，则仅有13.4美元。

这些数字可以使人心悦诚服地认为应该将投资者所有的注意力放在股票上，基本上可以忽略其他投资类型。然而，有些投资者在股市暴跌时不想购买反而抛售股票，他们希望能够将抛掉股票换来的钱有效地利用在其他资产类型投资上，获得更多的收益。但历史上没有证据表明恐慌时不包括股票的多样化投资组合是明智的。正相反，这经常是最失误的做法。

准确预测的重要性已经导致了统计应用的大幅增加。人们正在花费巨额成本寻找一个令人满意的预测方法，但这种寻找如果没有认识到市场的习性是要参与，而不是要跟随这一事实，将无果而终。

简述波浪理论

波浪理论对价格运行的形态、比例和时间都有着重要的见解。对于波浪学者来说，每笔交易决定不仅产生于意味深长的信息，同时也产生意味深长的信息。也就是说，市场中，每个投资者所做出的操作决定都将影响到另一批投资者的行为，如此循环往复，最终价格的波动受制于人的社会本性。既然人具有这样一种本性，那么这个过程就产生了各种形态。因为各种形态总是在不断重复，所以它们就具备了预测的价值。

波浪理论在整个技术分析领域非常重要，它可以告诉我们股市目前正运行在什么阶段，并指导我们根据不同的阶段来制定相应的操作策略。由于运行阶段的不同，其内部含义有很大的差别，正确的方法是要根据不同的阶段来采用不同的指标组合，这样一来，可以避开很多指标的误区。

所谓形态，是指波浪的形态或构造，这是波浪理论最重要的部分。而比例分析的意思是，通过测算各个波浪之间的相互关系，来确定回撤点和价格目标。最后一方面是时间，各波浪之间在时间上也相互关联，我们可以利用这种关系来验证波浪形态和比例。

波浪理论就是通常所说的上升五浪下跌三浪，大浪里套小浪。如图 2-1 所示，这是一个完整的周期。数一数其中波浪的数目，那么，一个完整的周期包含 8 个浪，分别是 5 个上升浪，3 个下降浪。在周期的上升阶段，每一浪均以数字编号，1 浪、3 浪和 5 浪是上升浪，又称为驱动浪，而2浪和4浪的方向与上升趋势的方向相反，因为2浪和4浪分别是针对1浪和3浪的调整，故称为调整浪。上述5浪完成后，出现了一个三浪形式的调整，这3个波浪分别用字母A、B、C来表示。

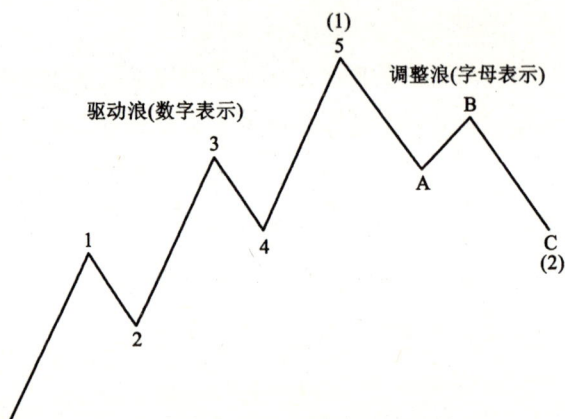

图 2-1　标准波浪结构

最初八浪的循环结束的时候，一个相似的循环会接着发生，这个循环后面又跟着另一个八浪运动。这种完整的发展产生了一个比组成它的各浪相比更大一个级别的五浪模式。然后，这个浪级更大的五浪模式又被相同浪级的三浪模式所调整，完成一个更大的浪级的完整循环，如图2-2。

浪①和浪②，可以划分成8个小浪。然后，这8个小浪再细分，共得到34个更小的浪。而最大的浪——浪①和浪②——只是更高一层次的五浪上升结构中的两个浪而已。在图2-2最右侧，高一层次的③浪即将来临。把图2-2中的34个小浪再细分到其下一层次，就得到图2-3所示的144个小浪。

①and②=2浪
(1)，(2)，(3)，(4)，(5)，(A)，(B)，(C)=8浪
1，2，3，4，5，A，B，C···=34浪

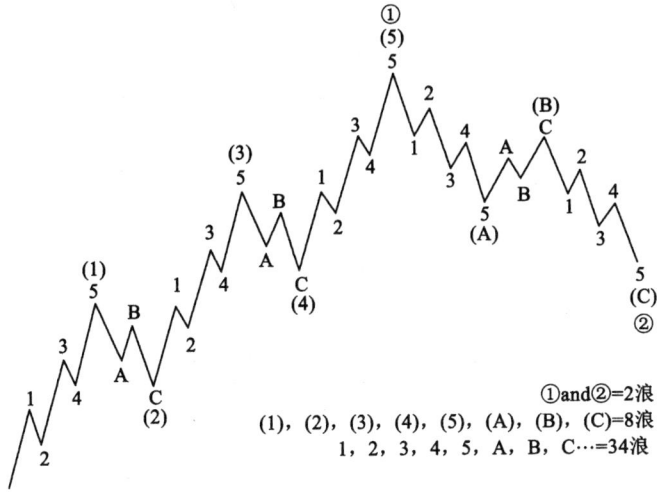

图 2-2   波浪子浪划分

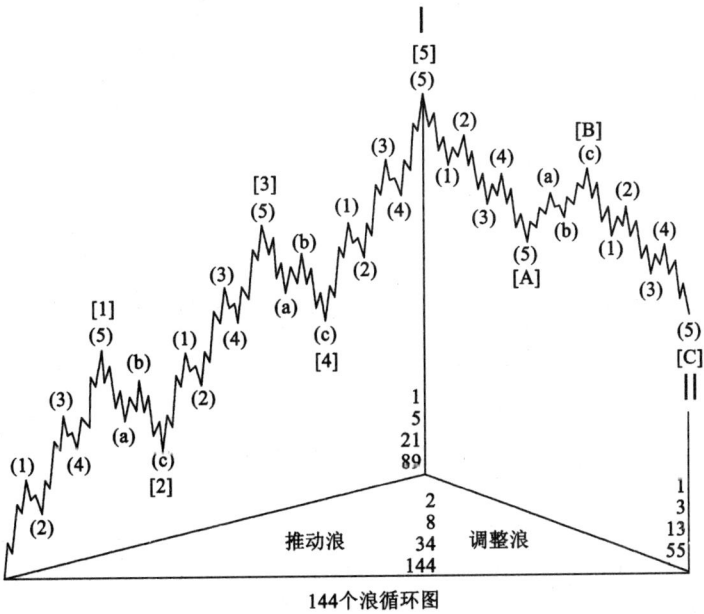

推动浪   调整浪

144个浪循环图

图 2-3   波浪进一步细分

上面提到的数字——1、2、3、5、8、13、21、34、55、89、144——这些数字并非偶然现象。它们之间是有内在逻辑的，它们都是斐波那契数列的一部分。随着数列的增加，前一个数字除以后一个数字越来越接近 1.618 倍，而这个数列是艾略特波浪理论的数学基础。稍后，我们还要详细介绍到这一点。

波浪理论和道氏理论的联系

实际上，艾略特的五浪上涨的思想，同道氏理论的牛市上涨三阶段论是异曲同工的。因为，在艾略特波浪理论中五浪上升阶段包含三个上升浪，加上两个调整浪——与道氏理论是一致的。

艾略特承认他受到了道氏理论的影响，但艾略特认为从某种意义上来说，波浪理论超越了道氏理论，实际上是前者发展了后者。即股票价格走势总是在某些时期表现出向上、向下或横向运动趋势（分别称为牛市、熊市及盘整），而且价格走势是按这三种走势交替变化的，不会永远保持上升或下降的趋势。另外，这三种走势又分长期走势、中期走势和短期走势，每一种向上（或向下）的走势中又包含相对较弱的向下（或向上）的反向走势，这其实即是具有波浪的意义。

波浪识别规则

大多数驱动浪的形态出现，也就是那些在图 2-1 至图 2-3 中显示的五浪模式，其中浪 2 总是回撤不了浪 1 的 100%。而且浪 4 总是回撤不了浪 3 的 100%。此外，浪 3 总会运动到超过浪 1 的高点，子浪

4 没有与子浪 1 重叠，而且子浪 3 也不是最短的子浪。驱动浪的目的是前进，这些形成规则确保了前进的发生。

　　推动浪通常可用平行线画出边界，推动浪中的一个驱动浪，也就是浪 3、浪 3 和浪 5，浪 3 通常会延长，也就是远比其他两个浪长。驱动浪有两种少见的变体，称作倾斜三角形，它们是楔形模式，一种情况下只出现在更大一级的开始（浪 1 或 A），而另一种情况下只出现在更大一级浪的结尾（浪 5 或 C）。调整浪有许多变体，最主要的称作锯齿形、平台形和三角形。这三种简单调整模式可以串在一起，形成更复杂的调整浪。在推动浪中，浪 2 和浪 4 的形态几乎总是交替，此时一个调整浪通常属于锯齿形家族，而另一个则不是。各种调整通常在先前同一浪级推动浪 4 范围内结束，每一浪都表现出特有的成交量行为，以及用伴随的动量和投资者情绪表示的"个性"。

波浪的个性

　　所谓波浪个性，意思是指每个浪形的形成都有着不同的市场背景，了解波浪背后的市场背景对于进一步理解波浪理论，并指导投资行为非常有价值。

　　在《艾略特波浪理论》一书中对波浪个性有着以下的具体描述：

　　艾略特波浪序列中的每一浪的个性，是反映它所包含的群体行为的必不可少的部分。群体情绪从悲观到乐观，再从乐观到悲观的前进，在每个时间轮回中往往沿着相似的路径，这在波浪结构中的相应点产生了相似的环境。每一种波浪类型的个性显示出该浪属于甚超级循环浪还是亚微浪级。当由于其他原因数不清，或存在不同的研判时，这些性质不仅可以预先警告在下一个波浪序列中要期待什么，而且有时可以帮助判定在波浪前进中市场的当前位置。在波浪展开过程中，有时根据所有已知的艾略特规则会有几种相当可行的数浪结果。正是在这些交汇点上，波浪个性的知识可能非常宝贵。认清单个波浪的性质常常使你得以正确研判更大模式的复杂性。如当作用浪向下，而反弹浪向上时，这些资料反过来用。

1. 驱动浪

第 1 浪：粗略估计，大约一半时间的第 1 浪是"打底"过程中的

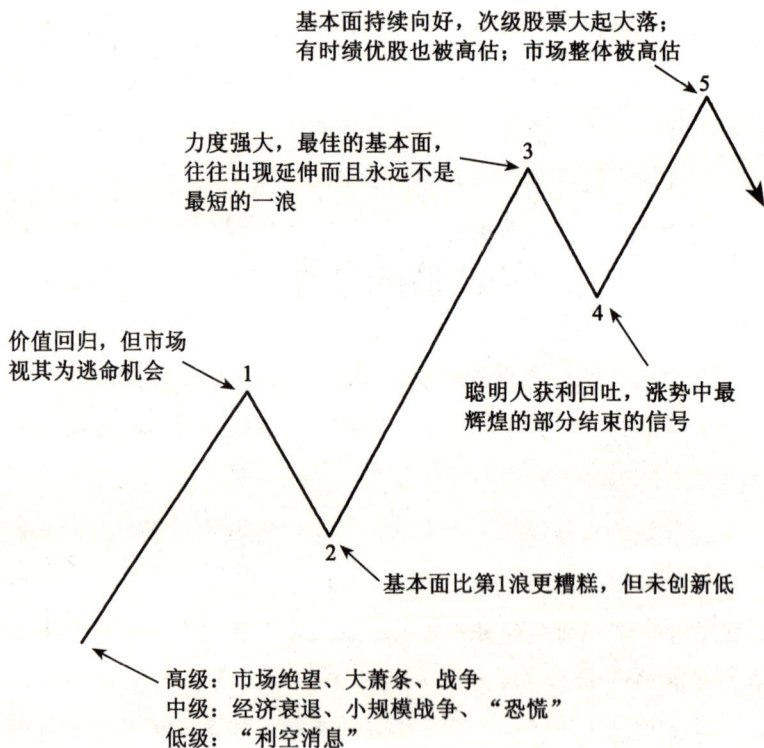

基本面持续向好，次级股票大起大落；
有时绩优股也被高估；市场整体被高估

力度强大，最佳的基本面，
往往出现延伸而且永远不是
最短的一浪

价值回归，但市场
视其为逃命机会

聪明人获利回吐，涨势中最
辉煌的部分结束的信号

基本面比第1浪更糟糕，但未创新低

高级：市场绝望、大萧条、战争
中级：经济衰退、小规模战争、"恐慌"
低级："利空消息"

图 2-4 驱动浪个性

一段，因此它们常常被第 2 浪大幅调整。然而，与先前下跌中的熊市反弹相比，这个第 1 浪的上扬在技术上更有结构性，常常显示出成交量和广泛性的轻度增加。此时大量的卖空显而易见，因为大多数人最终开始确信大势向下。投资者最终"又多了一次做空的反弹"，因而他们抓住不放。另外，50％的第 1 浪，或是从先前的调整浪形成的大底部涨起，或是从下跌失败涨起，或是从极度的压制涨起。这样开始的第 1 浪非常有力，而且仅受到略微的回撤。

第 2 浪：第 2 浪常常回撤掉第 1 浪的大部分，因而到那时获得的大部分利润会在第 2 浪结束时丧失殆尽。这在买入看涨期权中尤为明显，因为在第 2 浪的恐慌环境下，权筹猛烈下跌。此时，投资者彻底相信熊市又回来了。第 2 浪常常以非常低的成交量和波动性结束，这表明卖压正在消失。

第 3 浪：第 3 浪是要看到的奇迹。它们强劲且广泛性强，因此这时的趋势准确无误。因为信心恢复，有利的基本面逐渐进入画面。第 3 浪通常产生最高的成交量和最大的价格运动，而且大部分时候是序列中的延长浪。当然，它符合三浪结构中的第 3 浪，诸如此类，在任何波浪序列中将是力量最具爆炸性的时候。这种时候总免不了产生突破，"持续"跳空、成交量放大、异常的广泛性以及失去控制的价格运动，这根据浪级在市场中产生了巨大的小时盈利、日盈利、周盈利、月盈利或年盈利。第 3 浪的个性在波浪展开时能够提供最有价值的数浪线索。

第 4 浪：第 4 浪的深度和形体是可预测的，因为根据交替指导方针，它们应该与先前相同浪级的第 2 浪不同。第 4 浪往往呈横向趋势，为最后的第 5 浪运动"打底"。表现不佳的个股在该浪期间做头并开始下跌，因为首先只有第 3 浪的力量才能在它们之中产生运动。市场中的这种初步恶化开始了没有印证和第 5 浪走软的微弱信号的阶段。

第5浪：第5浪的力度比第3浪小。通常，它们还显示出较低的价格变化最大速度，如果第5浪是延长浪的话，那么第5浪中的第3浪的价格变化速度可能超过第3浪的价格变化速度。与之相似，虽然成交量常常在循环浪级或浪级更大的相继的推动浪中持续放大，但它只有在第5浪延长时才出现在大浪级以下的第5浪中。否则，寻找较小的成交量作为第5浪中的规则而不是第3浪中的规则。在上升的第5浪中，尽管广泛性逐渐变窄，投资者的乐观情绪却异常高涨，市场活动确实比前面调整浪中的反弹增加了。

2. 调整浪

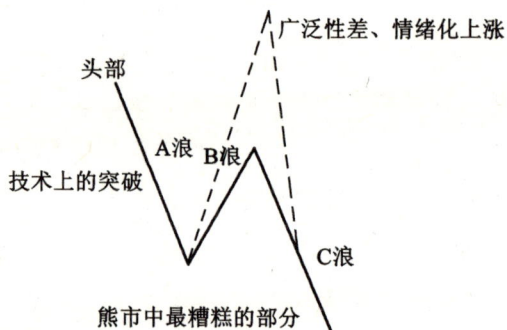

图 2-5　调整浪个性

A浪：在熊市的A浪期间，投资界一般确信这次反作用浪只是下一段上升行情前的退却。大众蜂拥买入，尽管有这种股价形态上的第一个真正的技术性突破。A浪为随后的B浪定下了调子。五浪结构的浪A意味着浪B是锯齿形调整浪，而三浪结构的浪A意味着平台形或三角形调整浪。

B浪：B浪是愚蠢的投资者自满情绪的显露。它们通常只集中于少数个股，技术上也极少是强势的，而且注定要被 C 浪完全回撤。总体观察，中浪级和浪级更低的 B 浪通常显示出成交量的逐渐萎缩，而大浪级和浪级更高的 B 浪显示出的成交量比伴随着先前牛市的更大，这通常说明广泛的公众参与。

C 浪：下跌 C 浪的摧毁性极强。它们是第 3 浪，而且有第 3 浪的大部分属性。就是在这段下跌行情中，实际上除了现金以外无处可藏。在 A 浪和 B 浪中持有的种种幻想往往灰飞烟灭，因而恐惧控制了一切。C 浪持续时间长，且广泛性强。

D 浪：除了扩散三角形中的之外，所有的 D 浪常常伴随成交量的放大。这很可能是因为非扩散三角形调整浪中的 D 浪是混合物，是部分的调整浪，然而又有第 1 浪的某些特征，因为它们跟在 C 浪后面而没有被完全回撤。在调整浪中，上升的 D 浪与 B 浪一样都是赝品。

E 浪：三角形中的 E 浪，在大多数市场观察者看来，是后一轮新的下跌趋势的戏剧性开始。它们几乎总是伴随着支撑力强的信息。这连同 E 浪将要对三角形的边界线形成假突破的趋势，在市场参与者本应准备反方向的实质性运动的当口，坚定了他们看跌的信念。因此，作为终结浪的 E 浪的参与心理同第 5 浪一样情绪化。

D 浪、E 浪属于三角形调整浪中的部分，故图中未标示。

从以上看来，波浪理论似乎颇为简单和容易运用，实际上，由于其每一个上升/下跌的完整过程中均包含有一个八浪循环，大循环中有小循环，小循环中有更小的循环，即大浪中有小浪，小浪中有细浪。因此，在实际应用中，数浪就会变得相当的复杂和难以把握，兼之浪型的多变与延展使数浪更是难上加难，需要大家举一反三的训练，才能提高数浪的正确率。

波浪的功能

每一浪都具有这两个功能：作用或反作用。明确地讲，一个波浪既可推进更大一级波浪的目标，又可打断它。波浪的功能取决于其相对方向，一个作用浪是与其作为其中一部分的大一浪级同向运动的任何波浪；一个反作用浪或逆市浪是所有与其作为其中一部分的大一浪级波浪反向运动的任何波浪。作用浪用奇数和字母标示（例如1、3、5、a和c）。反作用浪用偶数和字母标示（例如2、4和b）。

所有反作用浪都以调整方式发展。如果所有作用浪都以驱动浪的形式发展，那就不需要不同的名称了。事实上，大多数作用浪的确细分成五浪。但是，少数作用浪以调整方式发展，也就是它们细分成三浪或三浪的变体。要分清作用功能同驱动方式之间的差别，必须掌握波浪模式结构的细节知识。

1. 驱动浪

驱动浪细分成五浪，而且总是与大一浪级的趋势同向运动。它们简洁明了，相对容易认出和研判。在驱动浪中，浪2总是回撤不到浪1的100%，而且浪4总是回撤不到浪3的100%。此外浪3总会运动得超过浪1的终点。驱动浪的目的是产生前进，这些形成规则确保了前进的发生。

就波浪理论而言，浪3常常是驱动浪的三个作用浪中最长的，而且永远不是最短的。只要浪3是比浪1和浪5更大的运动，这个规则就满足了。驱动浪有两种类型：推动浪和倾斜三角形。

最常见的驱动浪是推动浪。在推动浪中，浪 4 没有进入浪 1 的区域。此外，推动浪中的作用子浪（1、3 和 5）本身也是驱动浪，而且子浪 3 明确会是一个推动浪。

图 2-6 是上证指数周 K 线走势 2005—2007 年牛市波段的波浪划分。图中五浪结构清晰，浪二的回撤没有低于浪一的起点；浪三是最长的浪；浪四的回撤没有进入浪一的价格范围。此外，圈内的浪 3 是第三浪中五浪结构的推动浪，而浪三则是大型五浪上涨结构中的推动浪。

通过此图可以清晰地看到，推动浪在整个波浪前进的过程中，运行的时间较长，且空间较大，极为容易辨认。

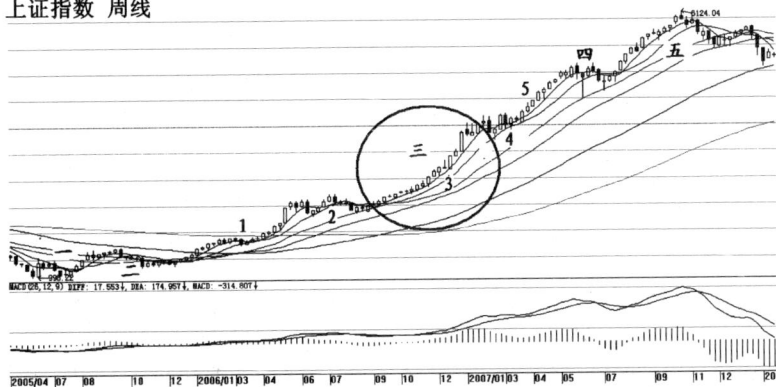

图 2-6   上证指数周 K 线走势波浪划分（2005—2007 年牛市波段）

2. 延长浪

大多数推动浪包含延长浪。延长浪是扩大了的细分浪，拉长了的推动浪。我们所关心的是波浪的延伸到底给予我们什么好处。一般情况下，三个推动浪中有且仅有一个浪出现延伸。这个常识使得波浪的延伸现象成为了投资者准确预测推动浪运行长度的一个比较有用的依据。举例来说，如果第3浪出现延长，那么第5浪理应只是与第1浪相似的简单结构；如果第1浪和第3浪都是简单的升浪，就可以期待第5浪出现延长，特别是第5浪运行时成交量急剧放大并超过第1、3浪的成交量时。

在许多时候，延长浪的各个细分浪与大一级推动浪的其他四浪有着几乎相同的幅度和持续时间，对于这个波浪序列就给出了规模相似的九个浪，而不是常规数出来的"五浪"。在一个九浪序列中，有时候很难区分哪一浪延长了（见图2-7）。不过这没有多大关系，因为九浪计数和五浪计数有着相同的技术意义。

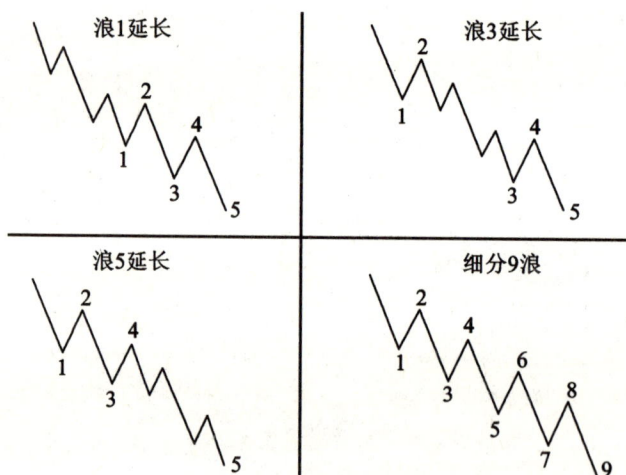

图 2-7　正确识别延长浪

延长浪通常只在一个作用子浪中出现的事实，给即将到来的各个波浪的预期提供了有用的指南。比如，第1浪和第3浪的长度大致相同，那么第 5 浪就可能成为一个延长浪。相反，第 3 浪延长了，那么第 5 浪必然结构简单，而且与第 1 浪类似。

在股票市场中，最常见的延长浪是第 3 浪。如果与推动浪的两条规则——浪 3 永远不是最短的作用浪，浪 4 不会与浪 1 重叠——结合起来考虑，这个事实在实际的波浪研判中尤其重要。

在图 2-8 中，第一个错误的数浪是浪 4 与浪 1 重叠；第二个则是，浪 3 既比浪 1 短，又比浪 5 短。根据规则，这两个都不是正确的标示法。

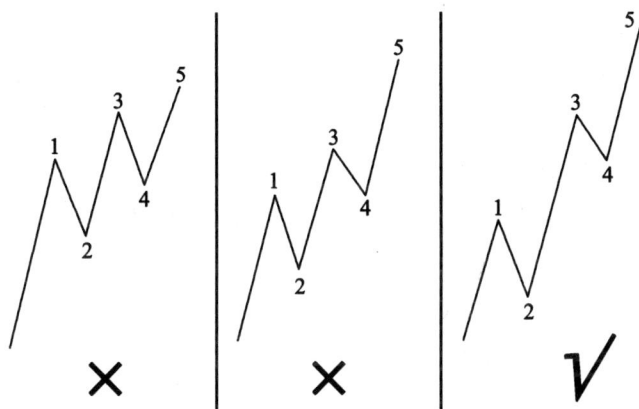

图 2-8　正确数浪

一种需要我们注意的现象：当我们发现第 5 浪出现延长的话，我们就可以期待，第 5 浪结束后的调整将是迅速且猛烈的，调整的首要目标位置应该是前期第 5 浪中的第 2 子浪的终点位置。若该位置最终没有抵抗住调整的步伐，我们应该在前期第 4 浪的终点处期待底部（见图 2-9）。

图 2-9　上证指数 1994—2005 年周线走势（第 5 浪出现延长后的市场反应）

3. 失败浪

推动浪可以延伸，也可以失败。艾略特使用"衰竭"来描述第 5 浪的运动未能突破第 3 浪终点的价格水平。当第 5 浪不能创新高（低）时，很可能市场会出现大逆转。其包含的深层意义，并非在此三言两语所能说得清楚。

衰竭通常可以通过注意假设的第 5 浪包含必需的 5 个子浪来验证，衰竭通常出现在超强的第 3 浪之后。如图 2-10，图 2-11 所示。衰竭的第 5 浪即失败浪。

要特别提醒读者的是，在实战应用中一定要注意，第 5 浪中的次一级的 5 个小浪清晰出现后才可确认失败 5 浪。否则，可以演变成"4 浪 b"，只要它是 3 浪运行的。失败的第 5 浪的出现，大多数情况下是由于基本面衰弱，或出现重大利空打压而造成的，例如，利率变动、战争、灾难等。不过，如果第 1、3 浪没有延伸的话，那么第 5 浪往往很难出现失败，即便基本面表现不佳。

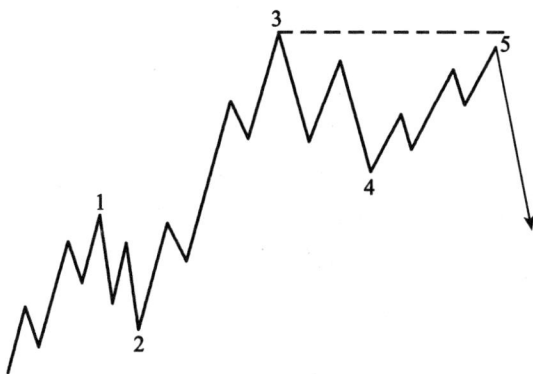

图 2-10　第 5 浪没有超过第 3 浪顶峰

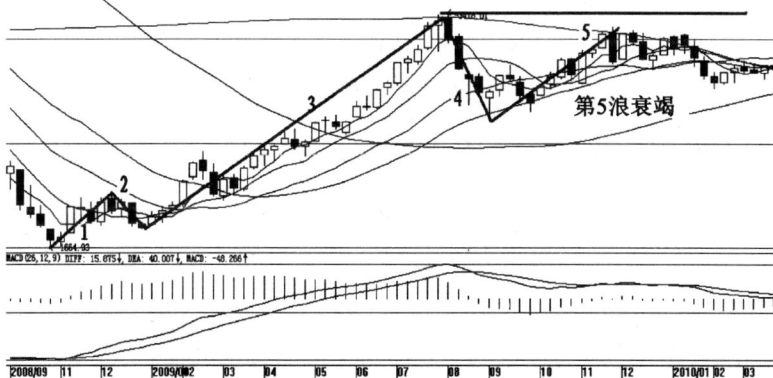

图 2-11　上证指数周线第 5 浪衰竭（2008 年底至 2009 年底）

4. 调整浪

市场逆着大一浪级趋势的运动只是一种表面上的抵抗，来自更大趋势的阻力似乎要防止调整浪发展成完整的驱动浪结构。这是两个互为逆向的浪级间的博弈。通常调整浪比驱动浪更难识别。而且，调整浪在展开时，常常会以复杂形态上升或者下降，所以技术上同一浪级的子浪，会因其复杂性和时间跨度，显得似乎是其他的浪级。所有这些原因，使得调整浪时常要到完全形成过后才能被归入各种可识别的模式中。因为调整浪的终点比驱动浪的终点难预测，所以当市场处于一种蜿蜒调整的状态时，投资者必须在分析时相比市场处于持续驱动趋势中时发挥更多的耐心和灵活性。

在对各种调整模式的研究中，唯一可以发现的重要原则是调整浪永远不会是五浪。只有驱动浪是五浪。因此，与更大趋势相反运动的最初五浪永远不是调整浪的结束，而仅是调整浪的一部分。

各种调整过程呈两种风格。陡直调整以陡峭的角度与更大的趋势相逆。横向调整，总是对先前的波浪产生净回撤，通常包括返回或超过调整起点的运动，这就形成了总体上横走的样子。

明确的调整模式主要分为三大类：

锯齿形（5–3–5）。

平台形（3–3–5）。包括三种类型：普通平台形、扩散平台形和顺势平台形。

三角形（3–3–3–3–3）。包括四种类型：上升三角形、下降三角形、对称三角形、反对称三角形。

（1）锯齿形调整浪。

牛市中的单锯齿形调整浪是一种简单的三浪下跌模式，标示为A–B–C。其子浪序列是5–3–5，而且浪 B 的顶点应该明显比浪 A 的起点低，如图 2-12 所示。

在熊市中，锯齿形调整浪发生在相反的方向上，如图 2-13 所示。因此，熊市中的锯齿形调整浪常常被称为倒锯齿形调整浪。

有时锯齿形会一连发生两次，至多三次，尤其是在第一个锯齿形

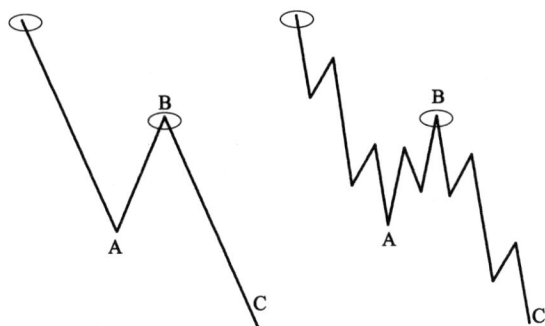

图 2-12 锯齿形调整浪

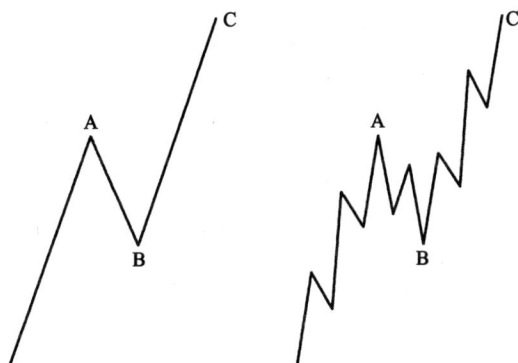

图 2-13 熊市中的锯齿形调整浪

调整浪没有达到正常目标的时候。在这些情况下，每个锯齿形调整浪会被一个介于其间的三浪分开，这产生了所谓双重锯齿形调整浪或三重锯齿形调整浪，但不常见。

（2）平台形调整浪。

平台形调整浪与锯齿形调整浪不同，它的子浪序列是3-3-5。如图2-14和图2-15所示。既然第一个作用浪——A浪，缺乏足够的向下动力，不能像它在锯齿形调整浪中那样展开成一个完整的五浪，那么，浪 B 的反作用好像是继承了这种逆势压力的匮乏，并在浪 A 起点的附近结束。依次，浪 C 通常在略微超过浪 A 终点的位置结束，而不像在锯齿形调整浪中那样明显地超过。在熊市中，模式相同，但倒置。

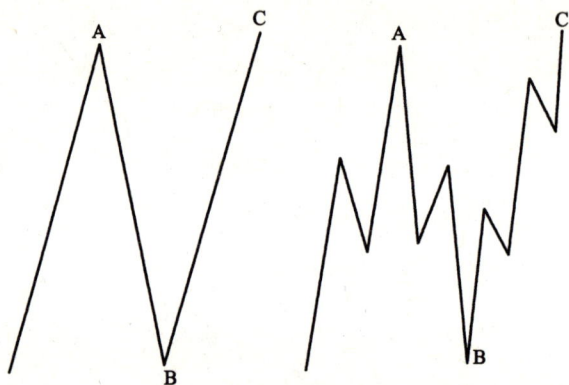

图 2-14　熊市中的平台形调整浪

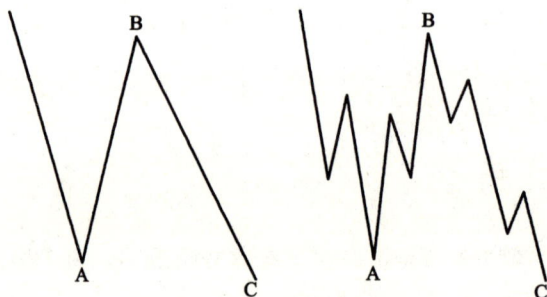

图 2-15　牛市中的平台形调整浪

相比锯齿形调整浪，平台形调整浪对先前推动浪的回撤小。平台形调整浪往往出现在更大的趋势强劲有力的时候，因此它们的前面或后面总是出现延长浪。内在的趋势越强，平台形调整浪就越短暂。在推动浪中，第 4 浪常常走出平台形，而第 2 浪很少如此。

平台形是用做对细分为 3-3-5 的任何 A-B-C 调整浪的总称。在艾略特的文献中，三种类型的 3-3-5 调整浪已经依据其总体外形的不同得到了命名。在规则平台形调整浪中，浪 B 在浪 A 起点的附近结束，而浪 C 会在略微超过浪 A 终点的位置结束。更常见的是扩散平台形的变体，它含有超出先前推动浪的价格极端的价格。这种不规则平台形调整浪实际上比"规则"平台形调整浪更常见。

在扩散平台形调整浪中，3-3-5 模式中的浪 B 会在超过浪 A 的起点位置结束，而浪 C 会在远远超过浪 A 终点的位置结束，牛市中的情形如图 2-16，熊市中的情形如图 2-17。

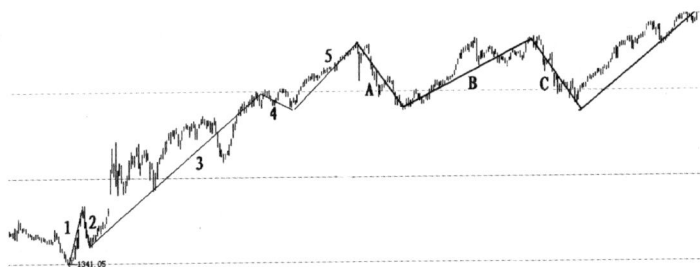

图 2-16 上证指数 1999 年 9 月至 2001 年 6 月日 K 线走势图

图 2-16 是上证指数 1999 年 9 月至 2001 年 6 月日 K 线走势图。上证指数在运行完毕五浪上涨结构之后，出现了 B 浪创新高，C 浪杀新低的扩散平台形调整浪形态。形态当中 A 浪的子浪运行三波结构，B 浪同样运行三浪结构，但它的终点结束在了 A 浪起点的上方，随后出现的 C 浪运行小五浪结构，整个形态才算完成。

（3）三角形调整浪。

三角形调整浪属于平台形调整模式之一。常规的水平三角形属于

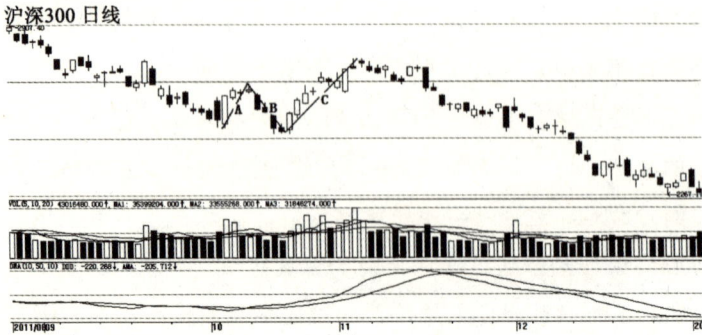

图 2-17 沪深 300 指数日 K 线走势

调整形态的一种模式，它主要反映一种市场到达某一位置时，多空力量平衡的状态，随着三角形态的逐步构建，市场的成交量和股价的波动性都会逐渐减小。一个完整的三角形模式包含了细分为 3–3–3–3–3 的五个重叠的波段价格走势，并标示为 A–B–C–D–E。连接 A 波段和 C 波段的终点，以及 B 波段和 D 波段的终点，就可以描绘出一个三角形调整浪。E 波段可能未达或超过 A–C 线，而且实际上这种情况出现得很多（见图 2-18）。

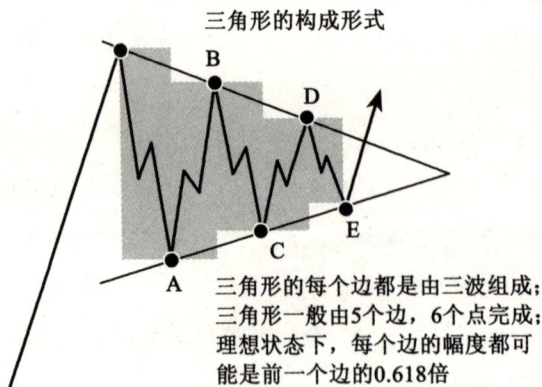

三角形的构成形式

三角形的每个边都是由三波组成；
三角形一般由5个边，6个点完成；
理想状态下，每个边的幅度都可能是前一个边的0.618倍

图 2-18 典型水平三角形

三角形调整有很多变体，如图 2-19 所示。

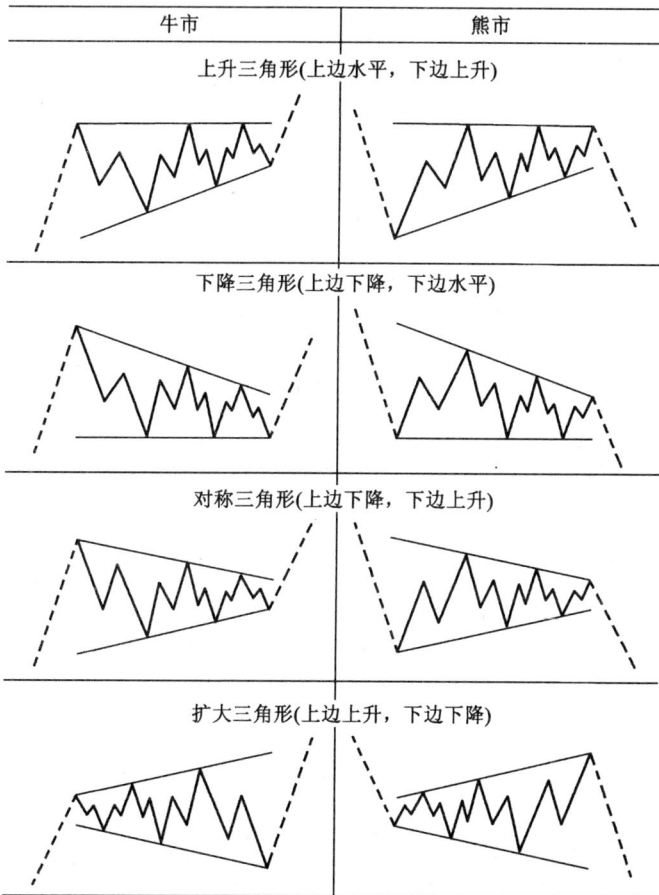

牛市	熊市
上升三角形(上边水平，下边上升)	
下降三角形(上边下降，下边水平)	
对称三角形(上边下降，下边上升)	
扩大三角形(上边上升，下边下降)	

图 2-19 三角形的各种类型

日线或分时级别的水平三角形调整形态在整个上涨或下跌行情的最后一个股价运行波段之前的位置出现。也就是说，如果一轮上涨或下跌行情的后半段出现了一个三角形调整形态，则意味着随后市场若再出现一个波段的上涨/下跌，这轮行情将达到终点。

三角形反映的是市场多空力量的一种均衡状态，同时也是行情为随后的冲刺进行力量积蓄的过程。三角形调整形态之后的股价运行往往非常迅速和强劲，在股市中常用"井喷"来形容。根据笔者对三角形调整形态的经验，股价运动到三角形态的边界线达到顶点之际，往往是市场转折之时。

A股历史上，上证指数和深证成指曾分别出现过一次大级别的三角形调整形态，其后均出现了相同级别的"井喷"行情（见图2-20，图2-21）。

图2-20显示了深证成指在1997年5月至2005年11月形成了一个时间跨度八年有余的大型三角形调整模式，该三角形的终点是2005年11月左右，众所周知，其后便迎来了中国股市有史以来的最为波澜壮阔的"井喷"行情之一（2005年至2007年大牛市）。

图 2-20　深证成指月 K 线图

　　从另一个角度来看，由于深证成指在 1997—2005 年进行了八年的能量积蓄，八年的能量积蓄至少能够支撑未来八年的牛市行情，而 2005—2007 年的"井喷"行情仅持续不到三年的时间，时间明显不足。所以笔者断定，2005—2007 年的"井喷"行情仅仅是整个大级别牛市中的一部分，未来数年里市场还会创出新高，再现一轮持续性更久的牛市。

　　具体而言，2008 年的熊市调整是针对深证成指前期大级别三角形突破后的回抽确认的过程，2008 年深证成指的最低点大致与 1997 年最高点（也是三角形态的起始点）位于同一水平线上。据此，笔者判断，自 2007 年 11 月开始的熊市调整已经于 2008 年 10 月见底，未来市场将在八年三角形能量积蓄持续释放的推动下，延续上涨行情。

　　图 2-21 显示了上证指数在 1998 年 6 月至 1999 年 5 月形成了一个跨度约一年的大级别三角形调整形态，随后正是著名的"5·19"网络科技股"井喷"行情。

图 2-21　上证指数周 K 线

正如上文提到的图 2-20、图 2-21 中激动人心的"井喷"行情那样，倘若大盘或某只股票出现了大级别的三角形调整模式，我们一定要密切关注股价在三角形模式的尖端出现的变化，这将是获取暴利的绝佳机会。

除了 A 股以外，中国台湾地区股市的台湾加权平均指数现在正运行在一个超级巨型三角形调整形态（见图 2-22）。

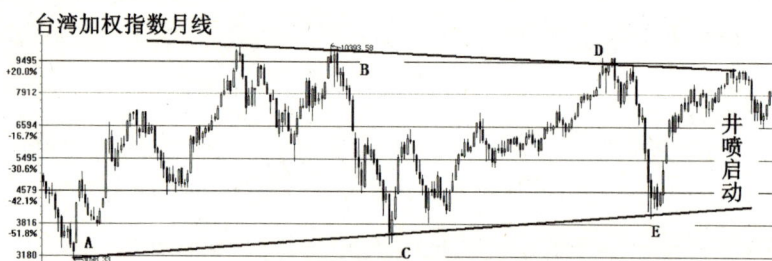

图 2-22　台湾加权平均指数月线长期走势

图 2-22 是中国台湾加权平均指数 1990 年至 2011 年初的月 K 线走势，这个长时间跨度的指数 K 线图构成了一个经典的大级别三角形模式，期间积蓄的能量一旦集中爆发将会是一轮长达数年包含着无数个上涨与下跌周期的大级别牛市行情。由于加权指数于 2008 年 11 月刺破了整个三角形的底边线（图 2-22 中的 E 点），之后随即转向快速的上涨趋势。迄今为止，该井喷行情已经突破了上轨线（B 点与 D 点的连线）的压制，可以确定台湾加权平均指数长达 18 年的大熊市已经结束，未来将是一轮长达数年包含着无数个上涨与下跌周期的大级别牛市行情。

形态与波浪理论的关系

所谓股价的形态，是指价格在波动过程中形成的轨迹，这些看似随机行走的轨迹可以归类成许多含义不同的形态。形态理论正是通过研究价格的轨迹，分析与挖掘出曲线所体现的多空双方力量的对比。

经过长期总结，技术专家们发现了许多经典的、经受住时间考验的各种价格形态，比如 W 底、M 顶、平台形、头肩底、三角形，等等。投资者若想利用形态指导投资获利的话，不能光简单地根据价格形态进行交易，还要弄清楚形态背后的形成逻辑。

通过实用波浪理论，我们发现，形态的发展和波浪理论的运行是分不开的，5 浪上涨 3 浪调整的过程就是各种形态形成的过程，比如头肩底和 W 底。

我们以最常见的反转形态头肩底为例（见图 2-23、图 2-24）。头肩底形态的形成过程是：每轮熊市都会具有明显的波动性，或者是 5 浪下跌模式或者是 3 浪下跌模式（A–B–C），那么头肩底的左肩就是下跌 4 浪或 B 浪的反弹所形成的。股价经过反弹后又继续做第 5 浪或 C 浪下跌，如果第 5 浪或 C 浪创出了新低，并最终确认为最低点，然后开始新的一轮上涨，那么右肩就是股价在经过第 1 浪上涨、第 2 浪回调后形成的。这样，股价经过下跌 4 浪、5 浪，上涨 1 浪和 2 浪后形成头肩底。当然，真正的头肩底需要确认，当上升 3 浪成功超过了左右肩的连线后，头肩底彻底完成，新的主升浪随即展开，很多投资者就是根据这种判断来选择买入点的。

所以，弄清楚形态背后的形成逻辑，自然就会对股价形态有更深入的认识，就可以避免陷入技术分析的盲点，从而避免误判形态的情

深证成指 日线

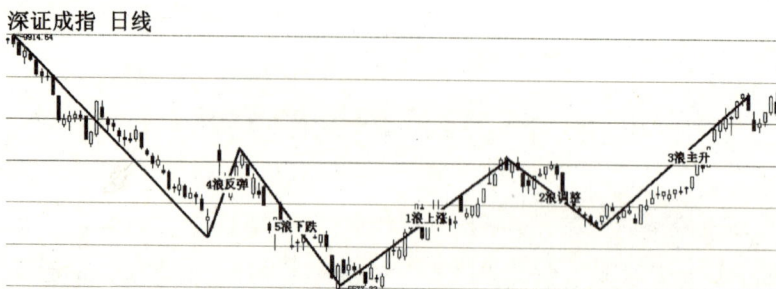

图 2-23　深成指 2008 年 7 月至 2009 年 2 月底部形成过程（波浪划分）

深证成指 日线

图 2-24　深成指 2008 年 7 月至 2009 年 2 月底部形成过程（头肩底形态）

况发生。比如，结合波浪理论后，我们就会发现原来头肩底是下跌浪尾声和上升浪的开始所共同构造的。比如，如果一个形态非常像头肩底，但是前期并没有明显的 5 浪下跌，这个时候就要当心了，很有可能是下跌中继，并非真正的底部。

　　当然，这个形成过程还很容易让我们理解 W 底。如果下跌第 5 浪并没有创出新低，就是我们经常所说的失败 5 浪，这样就是 W 底。当然，V 形底的形成过程也是如此，无非是下跌 5 浪杀伤力非常迅猛，股价触底快速反弹而形成。

　　所以，要研究形态，就有必要学习波浪理论，通过波浪理论就会对经典形态有进一步的认识，进而提升自身的操作水平。

交易量的重要性

在三角形整理过程中，价格的波动幅度越来越小，交易量也应相应地日趋萎缩。这种交易量的收缩倾向，在所有的调整性形态中都普遍存在。但当趋势线被穿越从而形态完成时，交易量应该明显增加。在随后的反转中，交易量减少。

然后，当趋势恢复时，我们还需要说明两点。同反转形态的情况一样，交易量向上突破时比向下突破时更具重要意义。在所有调整形态中，当上升趋势恢复时，交易量的相应增加是至关紧要的。而在向下突破时，交易量虽然也重要，但在头几天内并不如此关键。事实上，当价格向下突破时，如果交易量大大跳增，特别是在接近三角形顶点的情况下，反而是可能出现虚假看跌信号的警兆。前面曾谈到过这个现象。

关于交易量要说明的第二点是，虽然交易活动在形态形成过程中逐渐减弱，但如果我们仔细考察交易量的变化，通常仍可获得较大的交易量到底是发生在上升运动中还是下降运动中的线索。举例来说，上升趋势应当有以下微弱的倾向：价格上弹时交易量较大，而在价格下跌时交易量较小。

波浪中的交替规则

根据字典，"交替"是"两件事或一系列事件依次出现或作用"。交易是一种自然法则。例如，树叶或树枝通常首先在主干的一侧出现，然后在另一侧出现，这是在交替它们的位置。可以举出无数的例子，但本篇讨论的对象是人类活动的交替习性。

牛市与熊市交替。一个牛市由五个浪组成，而一个熊市由三个浪组成。因此，五浪和三浪交替。同样的规则在所有浪级中有效。

从较为广义的角度来看，交替规则认为，市场通常不会接连以同样的方式演变。如果上一次的顶部或底部是这个样子，那么下一回很可能就是另一个样子了。尽管交替规则不能精确地说明即将发生什么，但它对于那些不要期望的事提供了宝贵的提示，所以在分析波浪构造并估计未来的概率时记住它是很有用的。它告诉我们，不要像大多数人那样，仅仅因为上次市场循环以某种风格发展，就以为这次的情况肯定会一模一样。

换个说法，如果推动浪的浪2是陡直调整，那就要预计浪4是横向调整，反之亦然（见图2-25）。陡直调整从不包含新的价格极

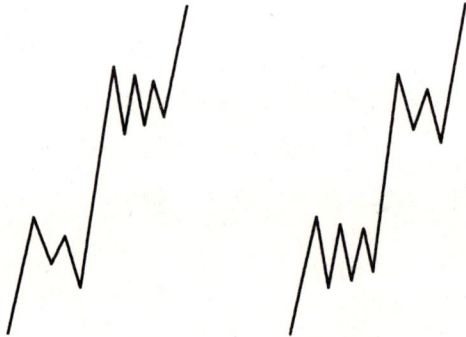

图 2-25　推动浪中的交替规则

端，即超过先前推动浪的正统终点的价格。它们几乎总是锯齿形调整浪；有时它们是以锯齿形开始的双重三浪。横向调整浪包括平台

形调整浪、三角形调整浪、双重三浪和三重三浪。它们通常包含新的价格极端，也就是超过先前推动浪的正统终点的价格。在少数情况下，处于第 4 浪位置的规则三角形调整浪会取代陡直调整，并与处在第 2 浪位置的另一种横走模式交替。推动浪中的交替观点可以概括为：两个调整过程中的一个会包含回到或超过先前的推动浪终点的运动，而另一个则不会。

交替还广泛出现在个股运行中，2006 年中国股市的大盘蓝筹股带领向上的运动，2007 年上半年就开始由中小盘题材股引领，2007 年 5·30 之后又换为大盘蓝筹股。

顶部识别：识别浪 4，等待浪 5

关于波浪的形态及其要领就快介绍完了，不过下面这个要点还需要补充一下。首先，推动浪里的浪 4 是比较容易识别的，因为强劲的第 3 浪是最容易识别的，况且第 3 浪结束后，随之而来的第 4 浪，其深度和形体是可预测的，因为根据交替规则指导，它们应该与先前相同浪级的第 2 浪不同。第 4 浪往往呈横向趋势，为最后的第 5 浪运动打底。

当第 5 浪到来时，许多不懂波浪理论的投资者可能认为是新一轮主升浪的开始，但恰恰相反，这往往是最后的"晚宴"。随后市场将在欢乐中步入熊市，预测一轮上行情顶部的最佳手段就是要正确识别出第 4 浪，等待在第 5 浪中从容出货。

另外，第 4 浪在之后的熊市中还会起到显著的支撑作用。当五浪结构的上升阶段完成后，熊市就出台了。通常，这一轮熊市不会跌过比它低一层次的、前面的第 4 浪（即在之前的牛市中形成的第 4 浪）。

这是个惯例，虽然也有例外，但是通常看来，第4浪的底还是兜得住这个熊市的。在我们测算价格下跌的最远目标时，这点信息的确非常有用（见图2-9）。

波浪理论可以训练投资者在市场行动之前就看清楚它的趋势。在你获得了一种艾略特"触觉"后，它就会伴你终生，这就像小孩子学会了骑车以后永远不会忘记一样。此后，抓住转机变成了一种颇为平常的经历，而且真的不太难。此外，对于你在市场前进中的位置，艾略特理论的知识通过给你一种自信的感觉，能使你对价格运动震荡本性做好心理上的准备，并使你避免再犯普遍的分析失误，也就是永远线性地通过今天的趋势预测至未来。

与罗伯特·普莱切特的对话

对于许多刚接触波浪理论的投资者来说，要将波浪分析成功运用在实战中并不是一件容易的事情。目前关于波浪理论最权威的著作是诞生于1978年11月的《艾略特波浪理论》。这本书令人满意地实现了作为一本学术课本的目的，而这要归功于多年来罗伯特·普莱切特细致入微地精练、升级。

对于想深入了解波浪理论的读者，与撰写波浪理论的罗伯特·普莱切特交谈一次，是学习如何实际应用波浪理论再好不过的方式了。以下内容摘自普莱切特的畅销书《普莱切特的观点》，它对如何应用波浪理论进行了深入的评论。

罗伯特·普莱切特：让波浪理论在市场发挥作用
——与普莱切特对话

问：个人投资者是否真能理解波浪理论？

答：我相信普通投资者是可以理解波浪理论的。用两个晚上看看书，大部分人就能把握波浪理论的基本思想。

问：应用波浪理论是一项技术还是一门科学？

答：对市场的研究必须是科学的，而且其本身也确实是一门科学，虽然这门科学还处于发展早期。这跟大部分社会科学的发展进程是一样的。因此，正如查尔斯·柯林斯经常所说的，波浪理论的应用是一门客观的学科。根据这个原因，只有严格以事实为基础的研判才能被视为有效。如果你无视证据却凭自己的希望或者灵感进行研判，那么你将为此受到市场的惩罚。只有通过艰苦的分析研究才能得到合理正确的研判。最糟糕的研判者是那些凭着自己的冲动和不严密的理解"绘画"波浪的人。

除非各种波浪形态和比率的可能性能实现量化，否则波浪理论的应用将一直保留一门手艺的许多特点，要做到精通，不但要思考，而且要实践。《韦伯斯特词典》对手艺的解释是"通过经验或者学习获得的技术"，"对知识有系统的运用"。

在上述原则基础上，波浪的研判还是需要一些艺术头脑才能做得好，固为市场本身的波动就像在绘画图片，你必须首先判决比例是否足够相称协调，然后才能说这个波浪已经完成了。有些理性的头脑并不适合这项工作。

问：你曾经说过，理解波浪理论相对来说是容易的。那么，应用呢？

答：波浪理论的基本思想是容易理解的，不过要掌握各种错综复杂的细节，还需要花费相当多的时间来学习。但是，一旦你掌握了它们，那么在市场上认出各种形态便成为容易的一步。当你能识别出五浪驱动、A-B-C调整和艾略特三角形的时候，只需往图表上一瞥便能确定买点和卖点，而无需额外的工作。不管如何，就我所知，波浪理论提供了最好的回报率。

问：不过，你又说波浪理论相对来说只被很少的人掌握了。你认为所有的投资者中有多少人掌握了波浪理论了呢？

答：只是那些愿意付出额外努力的人。坦白地说，只是一小群人。我想每个人都会发现波浪理论的确迷人，即使市场以外的人也会觉得它是个非常有趣的概念。但是只有那些愿意把市场当做他们生命中一个相当重要部分的人才能应用波浪理论。如果你不在这上面付出，那你是不可能赚钱的。波浪理论对此要求很高，因为这是市场的要求。两者其实是一回事。

问：不可思议！这样一个结构，简单而且容易理解，但是因为内在的不确定性，却要求严格和受过训练的应用。

答：唔，象棋的规则很简单，但是要赢得一盘棋却不那么容易。

问：分析波浪的本质是对可能性进行正确的排序。在市场运动的过程中如何做到这点？

答：首先，你必须通过应用波浪理论的规则将不可能性剔除掉。在任何一个市场转折点，都有一些确定的东西是肯定不可能的。例如，由于特定的原因，一个大五浪下跌后的一个小五浪上升绝对不会是从底部的全程上涨，回撤可能会出现，但是进一步的上涨是必要的，因此，此时应拒绝预测会立即有新的底部出现，应将其排除在市场运行的可能性之外。

将不可能性剔除掉后，剩下来的便是看似头痛的可能研判清单了。此时，每个可能性研判必须再通过波浪指南进行适当的分析，包括交替、通道、斐波那契比率关系、波浪的相对规模、基于波浪形态的典型目标价位分析、交易量以及广泛性等指南。

其中：（1）是满足最多指南的。（2）最贴切地满足指南的研判必须当做市场最可能的运行方向。满足程度次一些的研判可当做次选方案，以此类推。我们有时候称之为首选方案和替换方案。

此后分析者应紧密观察市场，以便在某研判的可能性消失或变弱时决定是否或何时用次选方案给予替换。

问：听起来很复杂。

答：并非如此。首选研判经常是如此的显而易见和清晰，以至于投资决定是很容易做出的。同样，有时候，两三个最优的研判预示着相同的市场方向，因此投资决定也容易做出。在其他一些时候，预示相反市场方向的研判在优选因素上不相上下，此时应暂时退出市场，观望。在这种情况下，价格刻度迟早会向其中一个研判倾斜。

问：假设一旦事实证明你的判断是错的，你采取什么样的措施来保护你的投资资本？

答：要赚钱，关键是对亏钱要有一个管理计划，也就是要止损。趋势跟随者必须使用果断的规则设置止损位。波浪理论，从另一个角度来说，是设置止损位的最好途径，因为波浪理论完全依赖于价格形态，这为在确定的价位上设置止损位提供了理由。举例来说吧，预测疲软的经济可能会对股市造成冲击。然而，（实际情况可能是）经济持续疲软，股市却继续上扬。如果你采用传统的基本面思路，那么你根据什么来决定你是错的？又例如，如果利率很高，而股市继续上扬，那么你应该在什么时候退出市场？波浪理论自身便是一个将损失控制在很小范围内的方法。当一个价格形态未按照你的预期那样展开的时候，你必须改变主意——你被逼着改变主意，除非你对此视而不见。用波浪理论来决定在何处设置止损单简直无懈可击，因为波浪理论给予了你一个客观的止损价位。你被逼着遵守纪律。从长期投资操作来说，这是使你保持良好交易记录的唯一办法。

甚至一个技术指标，例如认沽证/认购证比率，也可能会给出一个卖出信号，但是股市还是继续上扬，那么你该怎么办呢？市场情绪指标可能会告诉你现在到处都是多头，并基于历史数据给你提供一个在道指 1000 点卖空的信号——于是你卖空了。然后，道指涨到了1100 点，可是指标仍然显示是卖空信号，然后是 1200 点，然后是1300 点，你还能挽回损失吗？除了破产什么都挽回不了，因为你在不停地亏损。波浪理论不会允许让你觉得这样亏钱是合情合理的。当然，你也可以对市场信息归纳整理并理性化，我做过这样的工作。但这是个人的问题，而不是波浪理论的问题。正如艾略特在给柯林斯的一封信中所讲的那样："规则的应用需要大量的实践和冷静的头脑。"

问：你用止损/止赚盘吗？

答：在几乎每一期出版的《艾略特波浪理论家》中我都给出过止损/止赚位。但是，却很少启动过。那些启动过的是值得的，因为那表示我完全错了，它们通常在非常接近我们的市场预测处让我们退出交易。一般来说，很少有亏损的结果。而且，这是一个极好的有利条件，因为，当你研判正确的时候就能赚一大笔，而在错误的时候又能避免亏损过多，无疑你已经拥有了一个很好的系统。

有几次交易我没有使用止损/止赚盘，因为我对研判充满信心。每次的止损止赚应用都非常成功，除了有一次，我短仓了股票，但是它仍然上涨。活到老，学到老啊。

问：在参加交易比赛时，你将自己交易的最大亏损百分比设定在多少？

答：我没有设定这个百分比。你不可能成功地用一个固定的百分比来控制损失。所有的止损决定必须是客观的，也就是说，止损的理由应该建立在"我错了"的基础上。假设我认为市场处于熊市，有一天价格上涨了，我买了一个认沽证，然后第二天价格还是上涨了。此时，意味着两种情况之一：要不是我（对熊市的判定）错了，要不就是市场为买认沽证提供了更便宜的价位。如果所有的证据显示我是对的，那么我会继续买认沽证。这就是使用波浪理论的正确方法。决定不是任意做出的。让我们假设，市场继续以与我预计相反的方向运动，如果它仍然处于一个反弹调整浪的范畴，我还会继续买认沽证。但是，如果波浪结构有了变化，显示我错了，那么这就是我该退出此笔交易的时候，立即退出。因此，是市场本身在告诉我，什么时候我错了。这就是我的止损止赚位。其他任何形式的止损止赚位都是武断的。

问：那么，在进入交易前说如果这笔交易亏损到10％就退出，这有什么问题吗？

答：这样的话你会蒙受很多不必要的损失。如果在10％处止损后市场却按照系统所显示的信号运行，那么怎么办？是在一个更差的价位上重新进场，还是采用另一个随意的止损盘？这简直就是一个灾难的计算公式。一个所谓的10％止损盘是随意的。你不能将投资理论建立在随意上面。

问：虽然你说是随意的，但是我不能亏损得比10％更多，这样不行吗？

答：那么为什么不是9％呢？为什么不是11％呢？

问：你有选择的权利⋯⋯

答：那么基于什么做出选择呢？注意，理性的目标是要分析正确，而实践的目标是要按照分析结果进行交易。理想的情况是，在进场交易前你应该弄清楚，基于你的市场分析，当价位到达什么状况时你就能判断出你原来的分析是错的。

问：期权的交易也如此吗？

答：唔，期权交易是不能设置止损盘的，你得通过电话通知买卖。因此在期权交易上使用的思路得跟期货交易有些不一样。假如你的期权价格跌了50%，你想卖出，等你打通电话通知卖出的时候，可能已经跌到80%了，在这种情况下你有可能是在最底部卖出。实际上，在这个价位上，反而可能是个令人爽呆了的买入点。你也许还会想在这个价位补仓，以便价位反弹到原价50%处便可以弥补掉损失。整个要点是，要看波浪结构是怎么说的。如果波浪说你仍然是正确的，趋势将返回原来方向，那么你或许想在此价位上补仓。

问：波浪理论之所以能成为观察股市的一个独特的工具，原因之一是它既能反映精微的价格趋势，又能反映宏远的价格趋势。但是，如果波浪理论反映出来的精微价格趋势和宏远价格趋势方向不一致，那么怎么办呢？你在操作上有偏好吗？

答：在80年代的牛市里，我极少建议短仓股票。卖出可以，但是不应持有短仓。当然，有些时候短仓会颇有利润。不过，我推荐股票的基础是：最大化地利用好当前的主要趋势。举例来说，在熊市的价格上涨期间想长线获利是相当困难的。如果你见过牛市刚刚起步时候的情况，你就会知道区别在哪里。此时，人们都热情地渴望将股票卖出，因为利润来得太容易了，他们甚至不敢相信自己的好运。因此，当我意识到主要趋势开始向上时，我会建议买进、卖出然后再买进。当主趋势开始向下时，我会建议短仓、补仓然后再短仓。通过这种方式，周期界定上的误差会被主要趋势更好地弥补。如果你将主要趋势研判错了，你将会赔钱。当然，即使这样，由于你是在小一级的波浪上交易，你不会损失惨重。除非你大浪小浪全部研判错了！这种事情当然发生过，不过出现的几率还是很小的，不至于频繁发生。

问：对你来说，投资和交易的区别不过是从特大超级循环浪级逐级开始往下分析的问题罢了。大多数人说交易就是买进和卖出，而投资是买进和持有。对此，你已经清楚表达过自己对买进和持有方式的一贯观点：不管承认与否，我们都是市场的时机选择者。

答：投资与交易的区别只是一个关于趋势级别态度的简单问题。在微级趋势上投机被称为"交易"，而在主要趋势上投机被称为"投资"。没有任何其他的区别了。这就是为什么我在讨论策略时用词并不严格区分的原因。每个人在某级别的市场趋势上都持有自己的观点，即使他自己不承认这点。买进并持有是基于最近历史走势的牛性态度，因此他看好原始级、循环级或者甚至可能是超级循环级的后势。在这些浪级的运行过程中，如果后来他有所顾虑而将股票卖出了，那么他就做了一个市场时机调整的决定。如果他一直没有卖出，那么他就是仍然保留着原来的意见，但此时他仍然拥有着一个时机选择的决定。投资者的行为需要对进场的时机进行决定，不管这个时机来自于感性还是理性。有时候人们的时机选择的决定与市场时机是不相干的，比如一些人会因为家庭紧急事故需要用钱而将股票卖出。但是在你决定市场时机的背后，还是应该有好的理由给予支撑。

中国股市的大波浪形态分析

有了以上的论述与方法，笔者尝试对中国股市的历史大波浪进行划分，大家可以参考。以上证指数为例，见图2-26。

此图是笔者对上证指数从始至今的波浪标示，上证指数1990年至2011年4月的大型波浪历程：

超级循环浪 {1}：95点至1558点　幅度+1540%　27个月

超级循环浪 {2}：1558点至325点　幅度-79%　　17个月

图 2-26　上证指数自始至 2012 年 2 月的波浪示意图

超级循环浪 {3}：325 点至今仍远未走完（图中未标示）

大级别循环浪一：325 点至 2245 点　幅度 +590%　约七年

其中一浪 1　325 点至 1052 点　幅度 +223%　2 个月不到

一浪 2　1052 点至 512 点　幅度 −51%　16 个月

一浪 3　512 点至 1510 点　幅度 +194%　15 个月

一浪 4　1510 点至 1047 点　幅度 −31%　24 个月

一浪 5　1047 点至 2245 点　幅度 +114%　27 个月

大级别循环浪二：2245 点至 998 点　幅度 −55%　约四年

其中二浪 A　2245 点至 1311 点　幅度 −42%　19 个月

二浪 B　1311 点至 1783 点　幅度 +36%　15 个月

二浪 C　1783 点至 998 点　幅度 −44%　15 个月

大级别循环浪三：998 点至今仍远未走完

其中三浪 1　998 点至 6124 点　幅度 +513%　30 个月

三浪 2　6124 点至 1664 点　幅度 −73%　12 个月

　　三浪3　1664点至今仍远未走完（1664点至3478点是三浪3中的小1浪，3478点至2011年底，可能是三浪3中的小2浪）

　　由于上述的波浪标示，笔者认为未来十年中国股市将迎来超级循环浪〔3〕中的大级别循环浪三中的第3主升浪，这意味着中国股市真正的好日子在后头呢！未来十年中国股市将迎来真正的黄金十年！在论证笔者的结论之前，我们可以先复习一下世界上最早、也是最成熟的股市之———美国股市的发展历史（见图2-27）。

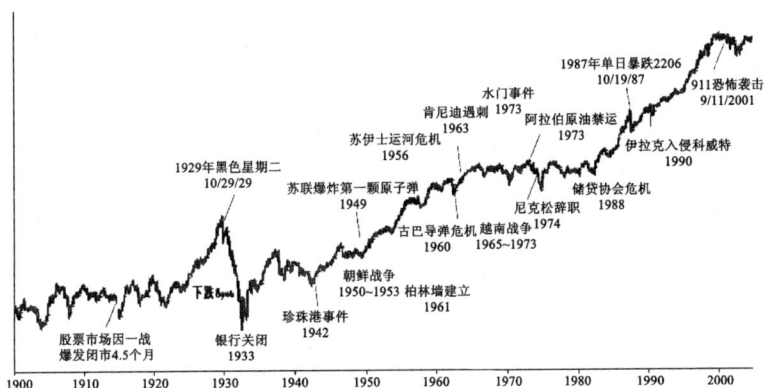

图2-27　美国股市走势图

　　这幅图总会让人想起美国著名的技术分析大师小罗伯特·普莱切特的一句话，"正像历史指出的那样，人类前进的趋势永远向上。但是，这种前进的道路不是一条直线，而且永远不是，除非人类那种贪婪与恐慌的本性消失。问问任何一位考古学家吧，他知道"。

　　股神巴菲特曾反复表示，中国经济与股市将长期繁荣，且相信自己若在中国做投资也能获得与过去几十年在美国投资一样的成就。投资大师吉姆·罗杰斯更是将2008年的中国股市比喻为1908年美国股市。

而在我们看来，从股市所依赖的宏观经济环境、货币政策背景，以及市场历史走势特征、流行的热门题材等多因素分析，当前的中国股市与20世纪70年代的美国股市具有很大的相似性，那时的美国股市发展史更值得我们回顾和参考。

20世纪70年代，美国经济在经历了1950—1960年的高速增长后，陷入了几年的滞胀期。两次石油危机是美国经济在20世纪70年代转入周期性调整的外因；内因主要是，注定不可持续的"高增长、低通胀"的良好局面出现了转变。其内在逻辑则是，美国实体经济面临着转型问题。传统的制造业在经历了长期的繁荣后，利润率开始滑落，经济增长点一时出现"真空"局面，积极的财政政策自然就不能继续起到刺激经济的作用，反而推高了通货膨胀水平。

20世纪70年代美国当时遭遇的宏观经济问题，与当前中国所面临的处境极为相似。中国经济目前也面临着传统产业衰退，经济结构亟待转型的局面。

从中短期波动上看，道琼斯工业指数在1973年触顶后迅速回落，1974年12月最低达572点，跌幅超过40%。美国股市于1975年走出了阴影，而美国经济直到1983年才明显呈现好转。1982年底，道琼斯工业指数再次站上1000点关口，从此再也没有被跌破。1985年底，道指首次突破1500点。随后一路继续飙升。1987年1月，道指首破2000点大关。1991年4月，道指首破3000点。此后，道指突破整数大关的间隔时段越来越短。1999年3月，首次站上10000点大关。2007年10月，达到最高点14279点。

在股指不断创新高的同时，美国证券化率（即股市市值占GDP比率）也在不断提高。1928年，美国证券化率仅5.55%，1980年提高至50%，1996年至108%，2007年达到144%。

可以这样说，市场总是有缺陷的，但美股历史尤其是 20 世纪 70 年代至今的历史表明：危机也是机遇，从长时段看，股市总是向上发展的。

美国股市发展史虽然向我们表明了股市长期趋势向上的观点。但长期牛市中那些周期性的大熊市，总会在某个特定的时期唤起人们的回忆。

2008 年，面对中国股市突如其来的暴跌，一系列令人望而生畏的呼声此起彼伏，诸如"百年一遇"、"中国股市真正意义上的推倒重来"等，让人感到不知所措。国内很多投资人担心 2008 年的中国股市会复制日本股市 1990 年或纳斯达克股市 2000 年以后的走势——步入一轮长期大熊市。

著名经济学家、被称为"日元先生"榊原英资在 2008 年 4 月接受媒体采访时表示，"现在的中国与 20 世纪 60 年代日本高速经济成长期的特征和 1985 年以后日本泡沫经济相似，带有双重性格。也就是说，现在的中国其实并不完全像 1989 年那时候的日本股市，更像是 20 世纪 60 年代的日本，那时候的日本就是买股票和房地产肯定会赚钱，所以现在的中国股民买股票的时候应该是没想过买股票买房地产还会亏。"

"实际上日本的泡沫破灭是在等到 1989 年的时候才实现的，现在的中国虽然像 20 世纪 60 年代高速成长期的日本，但是因为美国的次贷危机，所以让它的泡沫破裂提前了一点。"

不过，通过数据比较，我们发现中国经济和股市更应该类似于日本 1974 年。只不过正如榊原英资所言，"中国虽然像 20 世纪 60 年代高速成长期的日本，但是因为美国的次贷危机，所以让它的泡沫破裂提前了一点。"其直接的表现就是当前中国股市和楼市的调整比 1974 年时的日本要剧烈得多，但长期的经济增长可能又会保障中国不会出现1990年以来日本那种"迷失的十年"。还是让我们先进入时光穿梭机，去领略一下日本经济史上那个曾经的沸腾年代。

经济的快速增长带动了股市与不动产价格的持续高涨，日本股市从1950年开始步入长期升势。1950年日经指数只有85点，之后便缓慢攀升，直到1965年，日本股市开始显著上涨，日经指数从1965年的低位1106点到1973年1月，最高达到了5256点，之后便进入了长达20个月的下跌，在1974年10月创下了3355点的最低点，累计跌幅达到了36％。36％的股市跌幅对于当年日本高速发展的实体经济，算是非常严重的事情了，但这个跌幅还是低于同期美国道琼斯指数44％与香港股市90％的跌幅。此轮股市的下跌的根本原因还是在于期间的经济危机。尽管世界经济危机到1975年才宣告结束，但日本股市则提前于经济在1974年10月见底，而香港与美国则先后在同年12月见底。

如果从1950年算起，到1973年，日本股市的累计涨幅达到了60.8倍。这与中国的上证指数1990—2007年的60.2倍的涨幅相仿。不过，日本股市在1974年见底后，又经过了15年的上涨，涨幅达到了10倍多，在1989年年底突破38900点后，才宣告长期顶部的成立（见图2-28，图2-29）。

而2008年中国股市的最大跌幅相当于日本股市1974年跌幅的两倍多。

经过1974年石油危机的打击之后，日本经济加快了产业结构的重组和调整，重点发展汽车、机电等加工组装机械行业，逐渐将石油、化工、煤炭等高能耗行业，以及纺织、轻工等劳动密集型行业调整出局。很多日本学者都把这一时期看做"日本经济的转换点"。

正如上述种种数据一直在告诉我们的那样，当今的中国，不管国家GDP，还是人均GDP，都还远远没有发展到彼时发达国家的程度。

图 2-28　日经指数 1970—2006 年长期走势

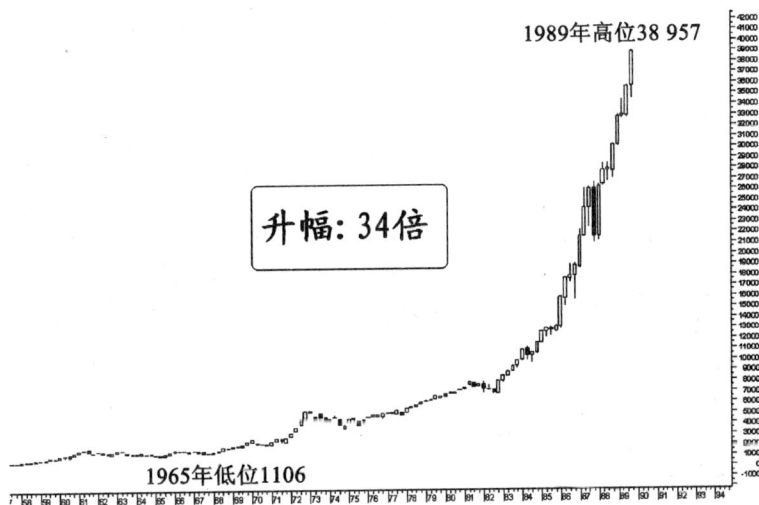

图 2-29　日经指数季 K 线图

因此，当今中国很难复制 20 世纪 90 年代日本或 2000 年纳斯达克的长期熊市。当然还有一些辅助因素，进一步证明中国股市很难重蹈覆辙：日本股市崩溃后的 20 世纪 90 年代，正好赶上美国股市走出大牛市，国际投资者的目光主要集中在美国，这使得日本进入"迷失的 10 年"。而 2008 年中国股市崩溃时，正好赶上美国金融危机，全球资金紧张，与之相反的是中国资金过剩，银行存款和外汇储备双双创出历史新高。

2008 年的中国经济调整属于经济发展结构转型进程中必然面临的周期性调整。2008 年的中国，不是 1990 年的日本，而应该是 1974 年的日本。等待中国的，不是长期的衰退，而应该是另一次崛起。

Chapter 3
自然法则在投资中的应用

上一章我们对波浪理论有了比较全面的了解，但若想应用波浪理论来获利，仍需要大量实战经验的积累。以笔者多年的经验，大家在应用波浪理论时，最核心的因素就是数浪时一定要遵循数浪规则，最好再配合一些技术指标综合应用。

在所有技术指标或者说是技术工具中，笔者认为最重要的、最有效的技术工具就是黄金分割比例关系。

波浪理论的结构基础：斐波那契数列

黄金分割率为艾略特所创的波浪理论所套用，成为波浪的骨干，广泛地为投资人士所采用。

艾略特在 1946 年发表的第二本著作，索性就命名为《大自然的规律》，尽管书籍的内容针对的是证券市场。波浪理论第二个重要课题，即浪与浪之间的比率，而该比率实际上跟随神奇数字系列发展。

艾略特在《大自然的规律》一书中谈到，其波浪理论的数字基础是一系列的数列，是斐波那契在 13 世纪时所发现的，因此，此数列一般称为斐波那契数列。相信读者们应该对该数列多少有所耳闻。

事实上，神奇数字系列本身属于一个极为简单的数字系列，但其间展现的各种特点，令人对大自然奥秘在感叹玄妙之余，更多一份敬佩。

我们在小时候的课本中或者是去意大利比萨城旅游时，应该对世界上那座著名的斜塔或见或闻。其实，与比萨斜塔隔着阿诺河，还有一座当年与斜塔一样盛名的雕像。没错，该雕像正是斐波那契数列的创始人、13 世纪著名数学家列奥纳多·斐波那契。

斐波那契一生中总共写了三本重要的数学著作：《计算的书》、《实用几何学》以及《求积法》。

在《计算的书》中，斐波那契提出了一个问题，产生了数列 1，1，2，3，5，8，13，21，34，55，89，144……，这就是今天所知的斐波那契数列。数列中任何两个相邻的数字之和，形成了序列中的下一个更大的数字，即，1 加 1 等于 2，1 加 2 等于 3，2 加 3 等于 5，3 加 5 等于 8 以至无穷。

斐波那契数列有如下特性：

（1）任何相邻的两个数字之和都等于后一个数字，例如：

$1+1=2$；$2+3=5$；$5+8=13$；$144+233=377$……

（2）除了最前面 3 个数（1，2，3），任何一个数与后一个数的比率接近 0.618034，而且越往后，其比率越接近 0.618034：$3÷5=0.6$；$8÷13=0.61538$；$21÷34=0.61765$……

（3）除了首 3 个数外，任何一个数与前一个数的比率，接近 1.618。有趣的是，1.618 的倒数是 0.618。例如：$13÷8=1.625$；$21÷13=1.615$；$34÷21=1.619$……

这个 0.618 数值就是世人盛赞的黄金分割率。神秘数字是否真的只是巧合呢？还是大自然一切生态都可以用神秘数字解释呢？

黄金分割率运用的最基本元素是，将 1 分割为 0.618、0.382、0.5 等一系列与黄金分割比例有关的数值。在音乐、艺术、建筑和生物学中，都有它们的影子。希腊人利用黄金分割律建造了巴台农神庙，埃及人借助黄金比数筑起了金字塔，毕达哥拉斯、柏拉图、列奥纳多·达·芬奇也都通晓它的性质。例如，音乐的一度有 8 个音符，在钢琴上它用 8 个白键、5 个黑键表示，共 13 个键。看起来给耳朵最动听的音乐和声是大六度，这绝不是巧合，音符 E 的振动是音符 C 的 0.62500 倍，音符 A 仅仅与确切的黄金平衡相差 0.006966，大六度的比例引起内耳耳蜗（正好也是对数螺线形的器官）的和谐振动。

斐波那契数字与自然界中的黄金螺线不断出现，精确地解释了为什么 0.618034 与 1 之比在绘画中让人类感觉如此舒服。人们可以在绘画中发现基于黄金平衡的生命图像。

小到原子结构、大脑中的微细管以及 DNA 分子，大到行星的距离和周期，大自然在其最本质的积木和最高级的模式中采用黄金比率，它包含在非常广泛的现象中，如准晶体排列，光束在玻璃表面上的反射，大脑和神经系统，乐曲改编，植物的结构和动物的结构。科学正在迅速地证明，实际上有一种基本的自然比例原理。顺便说一下，你用你的五个附肢中的两个拿着这本书，每个附肢有三个相结合的部位，终端有五个手指或脚趾，而每个手指或脚趾有三个相结合的部分，这或许说明了波浪理论的 5-3-5-3 前进。

有研究表明：人类的情绪通常以 33 ~36 天的规则间隔上升和下降。这些因素的上升和下降与股票市场走势图类似。血胆固醇看起来有 56 天左右的循环……甲状腺分泌决定了总的情绪循环，通常在 4 ~5 周从最低到最高并返回……在甲状腺功能亢进的情形中，循环可能短至 3 周。

斐波那契加法数列包括数字 3、5、34 和 55。时间循环并不总那么精确。因此，如果一个周期以 33～36 给出，那么基本周期就是 34，或多或少。

换个角度来思考，既然宇宙中的各种形态，包括人体、大脑和行星运动与斐波那契数列契合，那么人类的活动也反映它吗？如果 0.618 是宇宙中的生长力量，那么它能在背后推动人类生产力的进步吗？如果 0.618 是一种创造机能的象征，它会主宰人类的创造活动吗？如果人类的前进是基于"一种无穷级数"的生产与再生产，那么这种前进没有可能甚至没有理由有这种 0.618 的螺线形态吗？而在人类生产力的估价，也就是股票市场的运动中，这种形态可以识别吗？20 世纪 80 年代，现代混沌理论已经再次发现了这种观点。相似地，波浪理论认为，如果我们考虑的是股票市场的本质，而不是一种基于草率考虑之上的表面市场表现，那么股票市场是可以被正确理解的。股票市场不是对时事随机的、无形的大量反映，而是一种对人类前进的有形结构的精确记录。

斐波那契数列在投资中的应用

前面我们曾经交代，波浪理论由三个因素构成完整波浪——形态、比例和时间，而波浪形态是三者之中最重要的因素。那么，现在就来谈谈斐波那契比数和百分比回撤在其中的应用。

比率分析是评定一个浪与另一个浪在时间与幅度上的比例关系，也就是说这些比例既适用于价格，也适用于时间，只是在前面一方面的应用可能更为可靠。稍后我们再讲时间这个方面。

首先，让我们回头看看图 2-1，图 2-2 和图 2-3，其中所表示的基本的波浪结构，都是按照斐波那契数列组织起来的。一个完整的周期包含 8 浪，其中 5 浪上升，3 浪下降——这些都是斐波那契数字。再往以下两个层次细分，分别得到 34 浪和 144 浪——它们也是斐波那契数字。

另外，从理论上讲，在任何牛市结束后，随后的熊市运行的时间和幅度往往是先前牛市的 0.618、0.5 或 0.382，均是黄金比率。

在股价预测中，根据该两组黄金比有两种黄金分割分析方法。

第一种方法：以股价近期走势中重要的峰位或底位，即重要的高点或低点为计算测量未来走势的基础，当股价上涨时，以底位股价为基数，跌幅在达到某一黄金比时较可能受到支撑。当行情接近尾声，股价发生急升或急跌后，其涨跌幅达到某一重要黄金比时，则可能发生转势。

第二种方法：行情发生转势后，无论是止跌转升的反转，还是止升转跌的反转，以近期走势中重要的峰位和底位之间的涨额作为计量的基数，将原涨跌幅按 0.236、0.382、0.5、0.618、0.854 分割为五个黄金点。股价在反转后的走势将有可能在这些黄金点上遇到暂时的阻力或支撑。

举例：当下跌行情结束前，某股的最低价 10 元，那么，股价反转上升时，投资人可以预先计算出各种不同的反压价位，即：10×（1+23.6%）=12.36 元；10×（1+38.2%）=13.82 元；10×（1+50%）=15 元；10×（1+61.8%）=16.18 元……

反之上升行情结束前，某股最高价为 30 元，那么，股价反转下跌时，投资人也可以计算出各种不同的支持价位，也就是 30×（1−23.6%）=22.92 元，30×（1−38.2%）=18.54 元，30×（1−50%）=15 元，30×（1−61.8%）=11.46 元……

此外，斐波那契数列在波浪理论中的应用，并不只在数浪这一点上。在各浪之间，还有个比例的关系问题。与黄金分割暗示的关系相符合的市场基本趋势总是存在，而且有助于每一浪产生正确的外表。下面笔者列举一些波浪之间最常用的斐波那契比率：

（1）0.382。该比率是第4浪常见的回调比率及部分第2浪的回调比率，B浪的回调过程（ABC浪锯齿形运行）。

（2）0.618。大部分第2浪的调整深度。在ABC浪以之字形出现时，B浪的调整比率。第5浪的预期目标与0.618有关。三角形内的浪浪之间的比例由0.618来维系。

（3）0.5。0.5是0.382与0.618之间的中间数，作为神奇数比率的补充。对于ABC锯齿形调整浪，B浪的调整幅度经常会由0.5所维系。

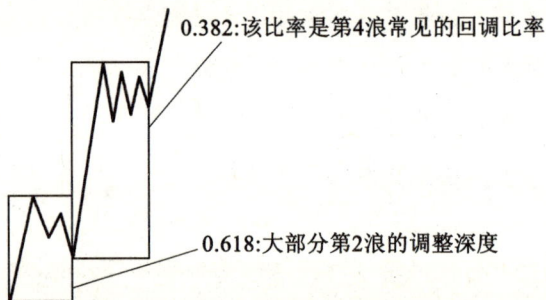

0.382:该比率是第4浪常见的回调比率

0.618:大部分第2浪的调整深度

图3-1　典型上升行情中的调整浪

（4）0.236，是由0.382与0.618这两个神奇数字相乘派生出来的比率值。有时会作为第3浪或第4浪的回调比率，但一般较为少见，往往发生在极强的市场环境里，如2005—2007年上证指数从998点上涨到6124点，其间的调整都很短暂，大多符合该比率。

（5） 1.236 与 1.382。对于 ABC 不规则的调整形态，我们可以利用 B 浪与 A 浪的关系，借助 1.236 与 1.382 两神奇比例数字来预估 B 浪的可能目标值。

（6） 1.618。由于第 3 浪在三个推动浪中多数为最长一浪，以及大多数 C 浪极具破坏力。所以，我们可以利用 1.618 来维系第 1 浪与第 3 浪的比例关系以及 C 浪与 A 浪的比例关系。

（7） 三个主浪中只有一个浪延长，另外两个浪的运行时间和幅度大致相等。也就是说，如果第 5 浪延长，那么，第 1 浪和第 3 浪大致相等；如果第 3 浪延长，那么第 1 浪和第 5 浪趋于一致。

（8） 把第 1 浪乘以 1.618，然后，加到第 2 浪的结束点上，可以得出第 3 浪的最低目标位（前提是第 3 浪是延长浪）。

（9） 如果第 1 浪和第 3 浪大致相等，我们就可以预期第 5 浪延长，其价格目标的估算方法是，先量出从第 1 浪底点到第 3 浪顶点的距离，再乘以 1.618，最后把结果加到第 4 浪的起点上。

（10） 在调整浪中，如果它是通常的 5—3—5 锯齿形调整，那么 A 浪常常与 C 浪长度大致相等。

（11） 在 5—3—5 平台形调整的情况下，B 浪可能达到乃至超过 A 浪的顶点，那么，C 浪长度约等于 A 浪长 1.618 倍。

（12） 在收敛三角形调整形态中，每个浪都约等于前一浪的 0.618 倍。

对股票市场中的波浪幅度关系的研究常常可以导致令人瞠目结舌的发现，因此某些艾略特波浪理论的实践者几乎对它的重要性着了魔。尽管斐波那契时间比率极其少见，但多年绘制平均指数的经验使笔者确信，基本上每一浪的幅度（用算术测量或就百分比而言）都按斐波那契数字间的某个比率与相邻波浪、交替波浪和分量波浪（指子浪）的幅度相联系。

斐波那契百分比回撤

除了上述的比例关系外，还有其他一些相关因素，不过上述是最常用的。这些比率关系有助于确定驱动浪和调整浪的价格目标。另外，通过百分比回撤，我们也可以估算出价格运动的目标。在回撤分析中，最常用的百分比数是 61.8%（通常近似为 62%），38% 和 50%。市场通常按照一定的可预知的百分比例回撤——最熟悉的是 38%、50% 以及 62%。斐波那契数列对上述数字稍有调整。在强劲的趋势下，最小回撤通常在 38% 上下。而在脆弱的趋势下，最大回撤百分比通常为 62%。

根据国内外股票市场的历史走势，可以发现斐波那契时间关系无处不在。然而，问题首先就在于我们有太多的选择余地。我们可以按照由顶到顶、由顶到底、由底到底、由底到顶等多种方式，来计算斐波那契时间目标。可惜，我们总是事后才能肯定这些关系。在很多时候，我们不清楚究竟哪种关系适合当前的形势。

对此，笔者认为，共振法依然是最佳的鉴定手段，即多种比率关系同时指向一个价格区域的话，我们就有理由确信该区域一定会形成股价的支撑或压力。

图 3-2 显示，上证指数 2008 年 10 月份最低点 1664 点起来的反弹行情是针对之前下跌波段 6124.04～1664.93 点的回撤，该反弹的阻力位若根据黄金分位 0.382、0.5 和 0.618 分别是：3367 点、3894 点和 4391 点。我们看到，实际上证指数最高达到 3478.01 点，基本与 0.382 的黄金分位吻合。

图 3-2　上证指数月 K 线走势

图 3-3 显示，沪深 300 指数从 2009 年最高点回落到底应该在哪里结束呢？首先我们要明确回落的性质是针对 2009 年上升波段的，所以回落目标会在该上升波段的黄金分割位遇阻。实际走势则是在上升波段的 0.618 黄金分割位得到支撑。

图 3-3　沪深 300 指数日线走势

图 3-4 显示，2001—2005 年的大熊市针对的是 1994—2001 年的七年牛市的回调，在半对数坐标上的合理回落也符合黄金分位规则。

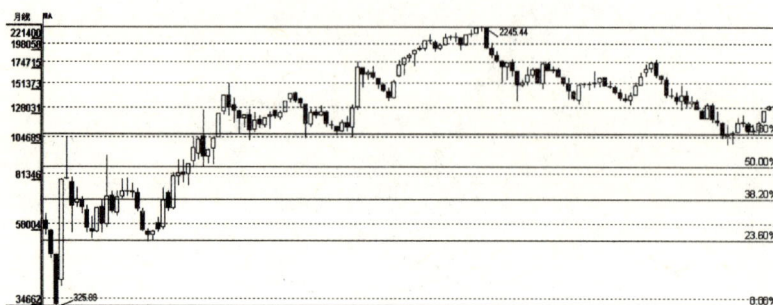

图 3-4　上证指数月 K 线走势

图 3-5 显示，2001—2005 年的大熊市针对的是 1994—2001 年的七年牛市的回调，在算术坐标上的合理回落也符合黄金分位规则。

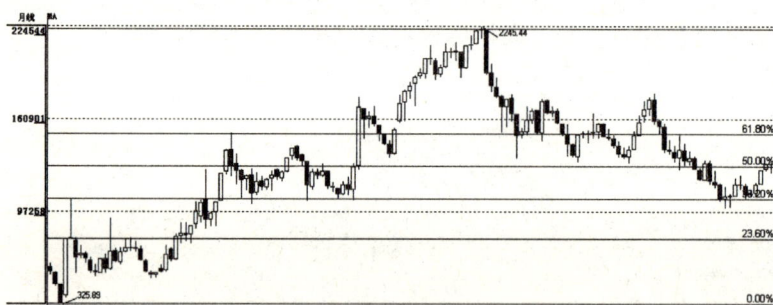

图 3-5　上证指数月 K 线走势

图 3-6 显示，上海 B 股市场 2001—2005 年的大熊市针对的是 1998—2001 年的牛市的回调，在半对数坐标上的合理回落符合黄金分位规则。

图 3-6 上证 B 股指数月 K 线走势

图 3-7 显示，2008 年的大熊市针对的是 2005—2007 年的牛市的回调，在半对数坐标上的合理回落符合黄金分位规则。

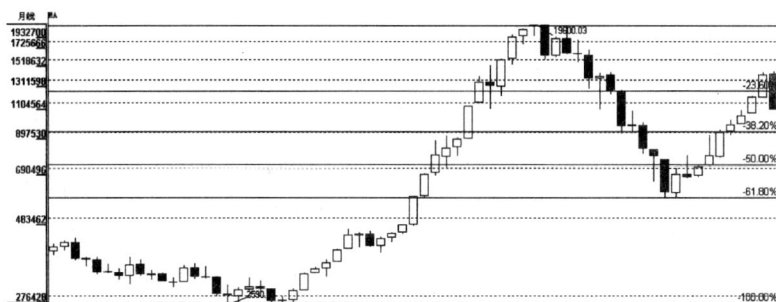

图 3-7 深证成指月 K 线走势

图 3-8 中三个圆圈显示出三个不同级别的顶部位置，从左边数第一个顶部的 1.618 倍和第二个顶部的 2.618 倍得出的数值同时指向一个位置，即第三个圆圈，投资者有理由相信该位置至少应该也是一个中期顶部。

周线 MA MA5 1226.96 MA10 1183.51 MA20 1112.53 MA30 978.88 MA60 712.86 MA120 504.16

图中标注三个圆圈，分别是三个不同级别的顶部，三者之间所反映出的一种密不可分的关系
是以黄金分割比率为基础的

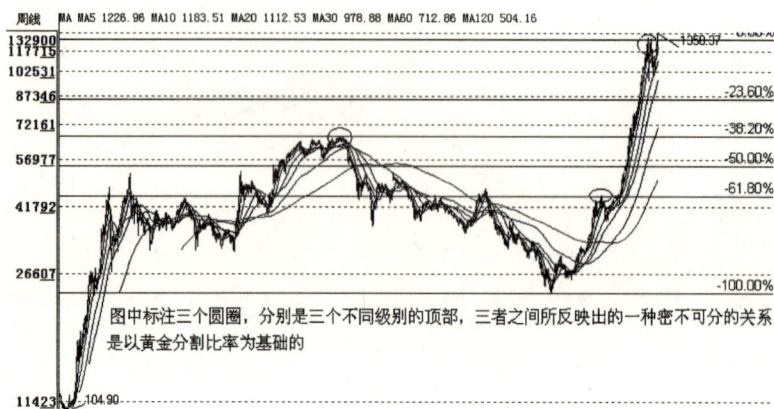

图 3-8　深综指周线走势

图 3-9 显示，投资者可根据第一个顶部位置利用黄金比率，精确投射出 2007 年 5 月的市场阶段性头部位置。

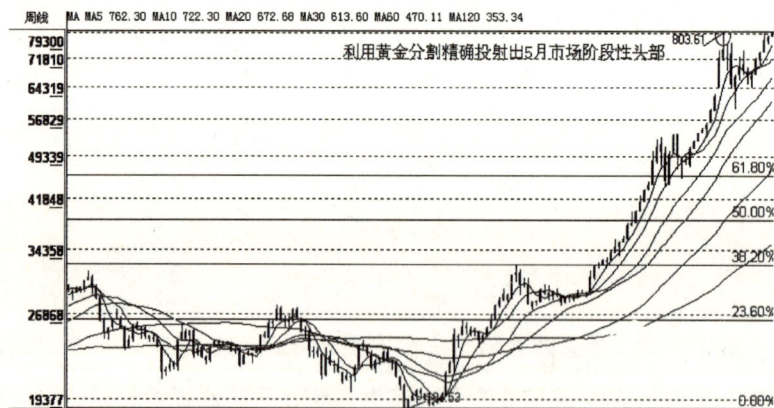

周线 MA MA5 762.30 MA10 722.30 MA20 672.68 MA30 613.60 MA60 470.11 MA120 353.34

利用黄金分割精确投射出5月市场阶段性头部

图 3-9　深证 B 指周线走势

图 3-10 也是同样道理，读者可以尝试自我体会。

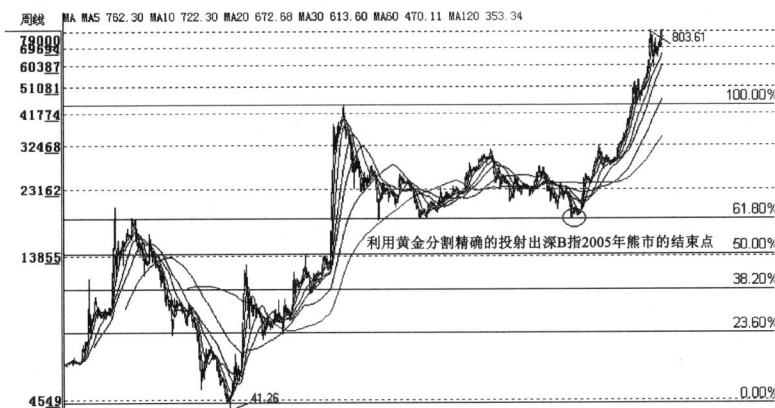

图 3-10   深证 B 指周线走势

　　笔者之所以举出上面诸多例子，意在说明黄金比率关系无所不在，包括在中国的 A 股和 B 股市场同样相当精确。如果我们正确使用黄金比率并多加以利用的话，完全可以据此判断出后市股价的顶与底。

利用黄金分割进行止损

　　我们知道，黄金分割的 0.618 并不是绝对的，强势股票可能会穿越这个区间，相对弱势可能只能涨到 0.5 这个区间，更弱的也有可能在 0.382 位置落脚，也有可能走出失败图形。

　　在股票下跌过程中，也可利用 0.618、0.5 和 0.382 这几个分割位置来判断股票反弹的强弱和趋势。当然，像遇到股市单边下跌等特殊情况，这种判断会失效。股票总会有涨跌，如果股票经过下跌后反弹，反弹超过0.382位置，那就看0.5的位置；再突破，那就看0.618位置。一般来说，在这几个位置会有反复，如果能够突破则认为是强势，当突破这些位置后，这些位置就会成为支撑，可以持股。

如果股票下跌后出现反弹，一般来说，到0.618位置会有个回调，如果还没有反弹到0.382位置又掉头向下，那么这个股票就很弱势了。如上证指数2007年10月开始下跌，至11月28日止跌反弹，反弹至5522.78点后继续下跌，反弹没有超过之前下跌的0.618位置，行情进一步走弱的趋势明显（见图3-11）。当市场再度大跌时，应果断抛出。

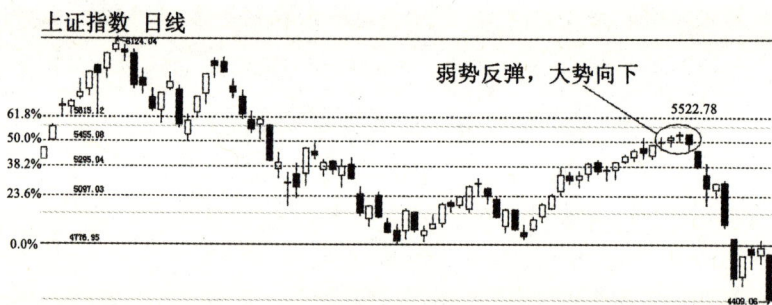

图3-11 上证指数2007年底的弱势反弹

实际上，2008年大跌中的几次反弹都是弱势反弹，均没有突破之前下跌的0.618的分位，直到2008年年底才出现V形反转形态，确认熊市结束。

斐波那契时间目标

与幅度相比，有些艾略特理论家觉得时间在三个因素中是最不重要的，但笔者多年的经验证明，斐波那契时间关系几乎也是无处不在，只不过预测这方面的关系较为困难。

没有对时间因素本身进行预测的确定途径。艾略特曾说，时间因素常常"与模式相适应"，例如与趋势通道相适应，而且它的主要意义也正在于此。持续时间和时间关系本身常常反映了各种斐波那契测量结果。探索时间单位的斐波那契数字显得超出了一种数学中的演练，这以显著的精度适应波浪跨度。通过指出转折的可能时间，斐波那契时间序列给了分析人士额外的视野，特别是当它们与价格目标和数浪一致时。

斐波那契时间目标是通过向未来数算显著的顶和底的位置而得出来的。在日线图上，分析者从重要的转折点出发，数算到第13、第21，第34、第55、或者第89个交易日，预期未来的顶或底就出现在这些"斐波那契日"上。在周线图、月线图、甚至年线图上，我们都可以应用本技术。在周线图上，分析者可以按照斐波那契数列，向后逐周探求时间目标。

综合波浪理论的三个因素

理想的情形是波浪形态，比例关系、时间周期三个因素出现共振。比如说，波浪分析表明第5浪已经完成，并且浪5已经走满了从

浪 1 起点到浪 3 顶点的距离的黄金比例关系，那么，我们就很有把握
相信：市场重要的顶部即将出现。

图 3-12 是 2007 年 5·30 调整行情日 K 线示意图，该图显示，整
个 5·30 暴跌分为两个阶段，两个阶段分别运行时间是第 5 个交易日
和第 13 个交易日，两个调整波段符合斐波那契中 5 和 13 的关系。

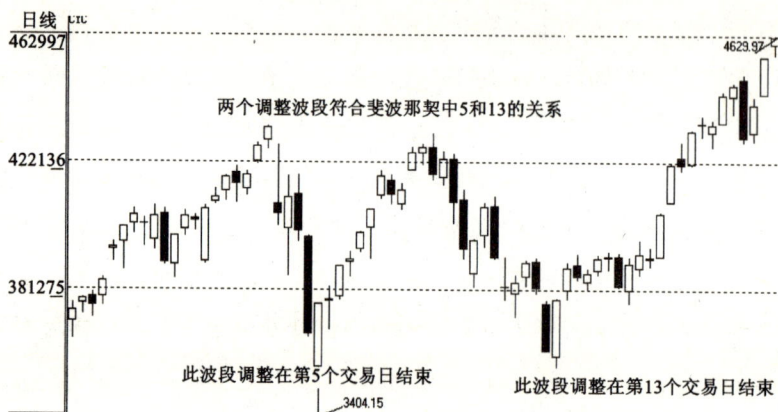

图 3-12　上证指数日 K 线时间周期关系

为了进一步印证斐波那契数字在股价运行中的无处不在，我们仍
然以 2007 年 5·30 调整行情为例，图 3-13 是 2007 年 5·30 调整小
时 K 线走势，我们发现，两个调整波段里分别各自有可划分两个小一
级别的下跌波段，运行时间分别是 5 小时与 8 小时，15 小时与 25 小
时，也符合斐波那契数字。

之后我们再来看一下 1994—2005 年一轮完整的牛熊周期，
1994—2001 年牛市运行 81 个月，2001—2005 年熊市运行 49 个月，
前者是后者的 1. 618 倍，符合黄金比例关系。

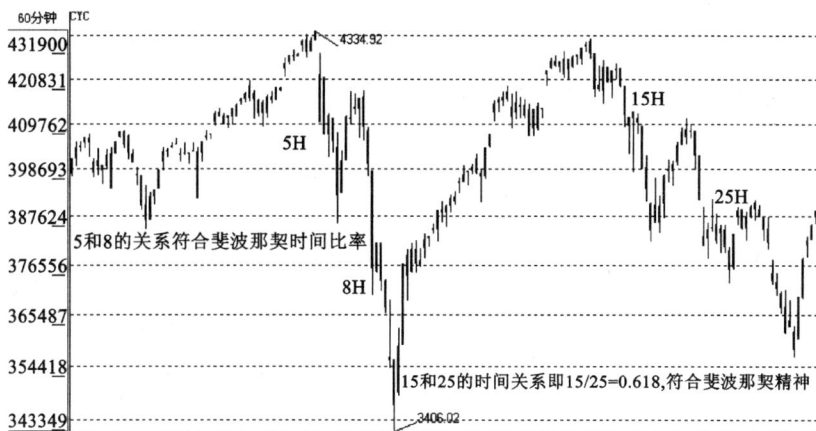

图 3-13   上证指数小时 K 线时间周期关系

图 3-14   上证指数月 K 线时间周期关系

斐波那契数字与周期分析

关于时间因素在市场预测中的意义，实在一言难尽。到处都有斐波那契数字，甚至在周期分析中，我们也会与之不期而遇。举个例子，在市场上起作用的甚至还有更长的周期，其中最著名的或许是为期达 54 年的康德拉蒂耶夫周期，对大多数市场都有很强的影响，而 54 明显地近似斐波那契数字——55。

2001 年，美国某权威机构利用康德拉蒂耶夫周期预测，美国经济将衰退到 2010 年，而事实表明，经过 2008 年全球金融危机，美国股市于 2009 年见底，而实体经济最终在 2010 年开始好转。

在证券市场，关于时间周期最著名的要数江恩时间周期理论，江恩一生中致力于对时间周期的研究，虽然他的理论应用起来比波浪理论更加变化莫测，但对于想在股市中生存下来的技术分析者来说，依然有必要拓展视野。

名词解释

康德拉蒂耶夫周期

20 世纪 20 年代为前苏联经济学家尼古拉·D. 康德拉蒂耶夫所发现，并以其名字命名。康氏从 1789 年起考察，对西方商品价格、钢铁产量、工人工资等项目进行追踪研究，得出以西方资本主义为主体的全球经济盛衰受到大约 54 年循环周期规律影响的结论。康氏研究的对象只是经济现象，即社会规律而非自然规律。

Chapter 4
时间周期理论的延伸——江恩理论

江恩理论的实质就是在看似无序的市场中建立了严格的交易秩序，他建立了江恩时间法则、江恩价格法则、江恩线等。与波浪理论通常局限于价格运动不同，江恩理论不仅可以用来发现将回调到什么价位，还能预测何时价格会发生回调。

与波浪理论的创始人艾略特不同（艾略特一生并没有涉足证券市场，而是后世发现其理论更适用于证券市场），江恩用一生的实战经验验证其理论的实用性。不过江恩理论的唯一遗憾之处在于，江恩只把结论告诉了世人，但没有系统地讲述。而世人往往断章取义，不得要领，把江恩理论弄得十分神秘，让人只有高山仰止。

为了更好地理解江恩，我们换一种思路来阐述。

现在，我们进行假设。如果你即将进入股市，那么首先摆在你面前的几个问题一定要解决好。解决不好，你必定成为输家。

这几个问题是：什么时候建仓？什么时候出货？买什么股？什么价位买？什么价位卖？大盘有规律吗？个股有章法可循吗？等等，只要入市，你必须面对这些问题。

对此，江恩的看法是：以上的问题实际可归纳到两大因素上：时间与空间。

时间就是要回答什么时候进出股市，空间就是要回答大盘的点位或个股的价格。所以，江恩的理论全部为此而展开。只要掌握时间和空间的内在规律，并运用在股市上，那么对股市的认识和具体操作就能达到心中有数、了然于胸的境界了。

江恩理论的最大长处是定义主要性结论并加以量化。这是区别其他理论的泛泛内容，同时又不同于带局限性的指标。

江恩对时间尤为强调。认为时间可以超越市场平衡。为什么大师不对成交量进行分析研究呢？大家知道，现如今很多国内专业人士在大谈成交量，大有从成交量中找出个股上涨的原因或条件或规律来。在江恩看来，成交量是时间和空间的转换器、标志或表象而已，而绝不是可以与时间和空间对等的研究范畴。时间、空间是自然法则，也是股市的本质，是股市内在之根本！正如江恩所言，时间到了，成交量自然会变化。是的，若上涨周期到，成交量会放大，空间打开；若下跌周期到了，成交量不放大，空间同样会向下打开。所以，时间决定空间，而不是成交量决定空间。

解析江恩理论

江恩在 1949 年出版了他最后一本重要著作《在华尔街 45 年》，此时江恩已是 72 岁高龄。他坦诚地披露了纵横市场数十年的取胜之道。其中，江恩 12 条买卖规则是江恩操作系统的重要组成部分。江恩在操作中还制定了 21 条买卖守则，江恩严格地按照 12 条买卖规则和 21 条买卖守则进行操作。

　　江恩认为，进行交易必须根据一套既定的交易规则去操作，而不能随意地买卖，盲目地猜测市场的发展情况。随着时间的转变，市场的条件也会跟随转变，投资者必须学会跟随市场的转变而转变，而不能认死理。

　　江恩告诫投资者：在你投资之前请先细心研究市场，因为你可能会做出与市场完全相反的错误的买卖决定，同时你必须学会如何去处理这些错误。一个成功的投资者并不是不犯错误，因为在证券市场中面对千变万化、捉摸不定的市场，任何一个人都可能犯错误，甚至是严重的错误。成败的关键在于，成功者懂得如何去处理错误，不使其继续扩大；而失败者因犹豫不决、优柔寡断任错误发展，并造成更大的损失。

　　时间是交易的最重要的因素。江恩的时间法则用于揭示价格发生回调的规律。江恩认为：一定量的价格回调发生在特定的时间内，运用江恩时间法则，实际的价格回调是能够预测的。江恩把时间定义为江恩交易年，它可以一分为二，即 6 个月或 26 周，也可以一分为三，一分为四，乃至更多，如将江恩交易年定为 1/8 和 1/16。

　　在江恩交易年中还有一些重要的时间间隔。例如，因为一周有 7 天，而 7×7 是 49，因此他将 49 视为非常有意义的日子，一些重要的顶或底的间隔在 49 天至 52 天。中级趋势的转变时间间隔为 42 天至 45 天，而 45 天恰恰是一年的 1/8。

　　江恩还指出，一些重要的时间间隔可以预测价格反转的发生：（1）一般市场回调发生在第 10 天至第 14 天，如果超过了这一时间间隔，随后的回调将出现在第 28 天至第 30 天；（2）主要顶或底的 7 个月后会发生小型级回调；（3）主要顶或底的周年日。

　　江恩理论认为，要把握市场转势的时间，除了留意一年里面多个可能出现转势的时间外，留意市场趋势所运行的日数，是异常重要的。基于对"数字学"的认识，江恩认为市场的趋势会根据数字的阶段运行，当市场趋势运行至某个日数阶段，市场是可能出现转势的。

由市场的重要底部或顶部起计，以下是江恩认为有机会出现转势的日数：

（1）7~12 个交易日；（2）18~21 个交易日；（3）28~31 个交易日；（4）42~49 个交易日；（5）57~65 个交易日；（6）85~92 个交易日；（7）112~120 个交易；（8）150~157 个交易日；（9）175~185 个交易日。

对于所预测的顶底时间，江恩在图表分析上下了不少工夫。在他的著作中，他介绍了三种重要的方法，值得我们学习。

第一，将市场数十年来的走势作一统计，研究市场重要的顶部与底部出现的月份，投资者便可以知道市场的顶部及底部会常在哪一个月份出现。他特别指出，将趋势所运行的时间和统计的月份作一比较，就更容易掌握市场顶部及底部出现的时间。

第二，市场的重要顶部及底部周年的纪念日是必须密切留意的。在他的研究里，市场出现转势，经常会在历史性高低位的月份出现。纪念日的意义是，市场经过重要顶部或底部后的一年、两年，甚至十年，都是重要的时间周期，值得投资者留意。

第三，重要消息的日子，当某些消息入市而引致市场大幅波动，例如战争、金融危机、贬值等，这些日期的周年都要特别留意。此外，分析者要特别留意消息入市时的价位水平，这些水平经常是市场的重要支撑或阻力位水平。

江恩认为，当市价开创新高，表示趋势向上，可以追市买入；当市价下破新低，表示趋势向下，可以追卖，如图 4-1，图 4-2 所示。不过，在应用上面的简单规则前，江恩认为必须特别留意时间的因素，特别要注意：（1）由从前顶部到底部的时间；（2）由从前底部到顶部的时间；（3）由重要顶部到重要底部时间；（4）由重要底部到重要顶部的时间。

图 4-1 创新高买入   图 4-2 创新低卖出

这个时间可以依据前文所述的"数学"进行计算，若所预测的日子为顶部，则再以从顶与顶之间的日数或底与顶之间的日数配合分析；相反，若所预期的日子为底部，则可从底与底之间及顶与底之间的日数配合分析；若两者都达到同一个的日数，则转势的机会便会大增（见图4-3）。除此之外，市场顶与顶及底与顶之间的时间比率，例如1倍、1.5倍、2倍等，亦顺理成章成为计算市场下一个重要转势点的依据。

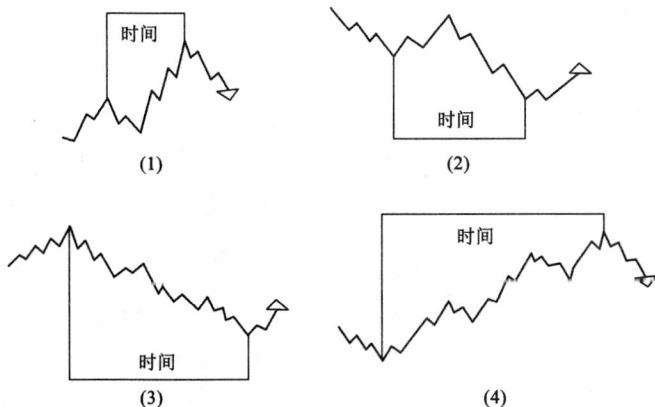

图 4-3 高低点之间的时间周期

江恩循环理论

江恩的循环理论是对整个江恩思想及其多年投资经验的总结。江恩把他的理论用按一定规律展开的圆形、正方形和六角形来进行描述。这些图形包括了江恩理论中的时间法则、价格法则、几何角、回调带等概念，图形化地揭示了市场价格的运行规律。

江恩认为较重要的循环周期有：短期循环：1 小时、2 小时、4 小时……18 小时、24 小时，3 周、7 周、13 周、15 周、3 个月、7 个月。

中期循环：1 年、2 年、3 年、5 年、7 年、10 年、13 年、15 年。

长期循环：20 年、30 年、45 年、49 年、60 年、82 或 84 年、90 年、100 年。

30 年循环周期是江恩分析的重要基础，因为 30 年共有 360 个月，这恰好是 360 度圆周循环，按江恩的价格带理论对其进行 1/8，2/8，3/8，…，7/8 等，正好可以得到江恩长期、中期和短期循环。

10 年循环周期也是江恩分析的重要基础。江恩认为，10 年周期可以再现市场的循环。例如，一个新的历史低点将出现在一个历史高点的 10 年之后，反之，一个新的历史高点将出现在一个历史低点的 10 年之后。同时，江恩指出，任何一个长期的升势或跌势都不可能不做调整而持续 3 年以上，其间必然有 3 ~6 个月的调整。因此，10 年循环的升势过程实际上是前 6 年中，每 3 年出现一个顶部，最后 4 年出现最后的顶部。

上述长短不同的循环周期之间存在着某种数量上的联系，如倍数关系或平方关系。江恩将这些关系用圆形、正方形、六角形等显示出来，为正确预测股市走势提供了有力的工具。

熟练地掌握了循环理论，可以有效地把握进出市场的时机，成为股市的赢家。

江恩回调法则

回调是指价格在主运动趋势中的暂时的反转运动。回调理论是江恩价格理论中重要的一部分。

根据价格水平线的概念，50％、75％、100％作为回调位置对价格运动趋势构成强大的支持或阻力。

例如：某只股票价格从 40 元最高点下降到 20 元最低点开始反转，价格带的空间是 40 元减去 20 元为 20 元。这一趋势的 50％为 10 元，即上升到 30 元时将回调。而 30 元与 20 元的价格带的 50％为 5 元，即回调到 25 元时再继续上升。升势一直到 40 元与 20 元的 75％，即 35 元再进行 50％的回调，最后上升到 40 元完成对前一个熊市的 100％回调。

那么，如何判断峰顶与峰底呢？江恩认为一年中只做几次出色的交易就可以了。为此，需要观察以年为单位的价格图，来决定一年中的顶部与底部，然后才是月线图、周线图和日线图。

江恩价格带

江恩的时间法用于揭示在何时价格将发生回调，而江恩的价格法则揭示价格回调多少。

江恩以相对时间的最高价和最低价为标准，将价格分割成一些区间，成为价格带。根据分析期间的长短，这些时间可以是一日、数日、周、月、年，或者更长。

价格带通常是按前一个价格趋势的百分比划分的，一般通过价格水平线均分成 8 条价格带或 3 条价格带。这些水平线表示对未来价格运动的不同层次的支持线或阻力线，价格将在这些地方发生回调。

在上升趋势中，1/8 或 3/8 的价格水平线表示对上升趋势的较小的阻力位；而在下降趋势中，这两条价格水平线则成为较小的支持位。

江恩无疑是一个顶级交易者，他用一生的交易经验总结出投机过程中需要注意的事项，值得我们借鉴。江恩一生中尤其注意设置止损单，他曾语重心长地说道：你必须牢记的重要事情之一是，你不是要获得多大的利润，或造成多大的损失。你必须撇开钱的问题。你的目标必须是与市场保持一致。顺应市场的趋势。花全部的时间研究市场的正确趋势。不要考虑利润。如果你与市场保持一致，利润自会滚滚而来。如果你看错了趋势，那么就得使用古老而可靠的保护伞———一份止损单。

我们都知道江恩一生致力于对时间与价格的研究，而事实上，江恩在挑选个股方面也有自己独到的一面。江恩曾对美国所有行业都进行过系统且全面的剖析，但因时间久远，当初的结论对于目前全球的经济形势而言已没什么大的参考价值，但有一种选股思路是没有变化的，即撇开基本面之外的纯技术层面选股。

如何挑选有独立行情的个股

笔者搜索有关江恩的所有资料，现将其独到的选股分析呈现给大家。

许多股票在其他股票创新低时却在创新高，它们开始走出独立于平均指数或独立于不同股票群体的行情。通过研究几年来的走势图，你可以在这些独立行情开始时就将其辨认出来。江恩曾写道：

例如，城市服务公司。它在 1938 年时的最高价是 11 美元，1939 年时的最低价是 4 美元，1942 年时的最低价是 2 美元，最高价是 3.5 美元。这只股票曾在 11 美元至 2 美元之间运行了四年，而且在 1942 年，它的价格区间仅为 1.5 美元，这表明这只股票的抛压已很小，只有内部人士才愿意买进，你可以抓住机会建仓，因为即使这只股票摘牌，你也仅会每股损失 2 至 3 个美元。但是，你要知道的是在什么时候买进，什么时候它是安全的，以及什么时候它表现出了一种确定的上升趋势。1943 年，这只股票突破了 11 美元，即 1938 年的最高价，这个在五年后的突破意味着会出现更高的价格，此时，你应该立即买入。它的高低点继续抬高，说明主要趋势向上无疑。

1948 年 6 月，最高价 64.5 美元。这只股票从表现出上升趋势后上涨了 53 美元。当你在 11 美元买入后，一份 3 美元的止损单就可以为你加上保险，而且你可以在不加码的情况下，有四或五次资金翻番的机会。

1949 年，最高价 48 美元。1949 年，最低价 38 美元，仍处于

1948 年的价位之上。只要这只股票可以站在 38 美元之上，就仍处在攀升状态，因为公司的盈利状况很好。

对于什么时候买入美国无线电：

看看近几年走势图上的最高点和最低点。1945 年，美国无线电的最高价是 19.5 美元；1947 年，它的最低价是 7.5 美元。1948 年，最高价是 15 美元。7.5 美元和 15 美元间 50% 点位或一半的位置是 11.25 美元，上个极限最高价是 19.5 美元，从这个高点下跌 50% 是每股 9.81 美元，或接近 10 美元。

从 1949 年 6 月 14 日，美国无线电跌至 9.75 美元，而到了 6 月 29 日仍是 9.5 美元的低价，这就给了你一个机会买进你本想 10 美元建仓的股票。你可以将止损单设在 8.5 美元。其次你要知道的是：它什么时候会表现出强劲的上升趋势，当它穿过 11.25 美元，并收在这个价位之上时，它就可以继续走高。下一个目标位是 1949 年的最高点 15 美元和 1945 年的最高点 19.5 美元。如果美国无线电突破 20 美元，那么它就处于极强势，并会创出非常高的价格，我相信美国无线电的未来；它的前程似锦，而且可能成为未来真正的领涨股。

关于成交量减少江恩曾在 1955 年写道：

近几年，纽约证券交易所的股票交易量非常小。这是因为人们买入股票并长期持有。自各种证券交易规则通过以来，就不再有联合舰队式的资金或操纵股票的现象。这并不意味着今后不会再有大牛市以及大涨势。随着时间的推移，大批股票逐渐分散到那些长期持有的投资者手中。流通股被逐渐消化吸收。因此，当突发事件掀起购买浪潮的时候，买入者会发现股票的供给稀少，所以不得不将它们的价格推高。股价越高，买的人就越多，这是司空见惯的事。这常常导致在牛市的末期出现一种最后的冲刺和股价的飙升。在华尔街，历史不断重演，以往的事会在未来再次出现。

成功的投资者需要的不仅是技术

除了技术工具之外，在江恩看来，成功投资仍有其他方面的事情要做好，比如，江恩曾如此评价联合账户。

只要你可以避免，就不要开联合账户，或与他人合伙交易。当两个人共同拥有一个账户时，他们可能会在正确的时间买入股票，或是在正确的时间卖空，甚至建仓的时机都是正确的，但接着麻烦就来了——在平仓时，他们很少能因获利而在时间和价格上取得一致。结果是他们在平仓时犯下错误，一个人捂住股票，因为另一个人不想退出，但是市场发生了反转，原先的交易变得对他们不利；此时，他们继续持仓，希望获利，最终在一个共同赢利开始的交易上受挫。让一个头脑在股市中操作并保持正确已属不易，让两个头脑保持一致并在股市中共同操作则难上加难。两人共同取得成功的唯一途径是让一个人负责买进和放空，而另一个人专门负责下止损单。当他们犯错误的时候，止损单可以对他们两人都起到保护作用。让一个人和他的妻子开设联合账户是个坏主意，出入市的行动应由一个人负责，这个人必须学习在一个投资买卖中如何行动，而且在投机买卖中不受合伙人的影响。

按照江恩的说法，大多数人在股市中输钱的原因主要有三个：（1）交易过度或买卖过于频繁；（2）没有下止损单；（3）对市场知之甚少。

　　很显然，要在股市中赢钱应当避免上述三种错误。什么是交易过度？我的理解是，每一次买卖不要总是全仓进出。其实这并不算特别重要，最重要的是当你在市场中投机而不是投资时，不过度交易在频繁买卖时显得很重要。买卖过于频繁是导致失败的致命伤。你想一想，你在为自己争取盈利的同时，还要养证券公司，负担多重。

　　不下止损单也是投资人常犯的错误或是根本不知道有这回事。常常听到或看到投资者诉苦，说自己手中的股票市场已大大低于自己的买入价。如果他是准备长线投资一家公司的股票，他绝对不会因为股价大幅下跌而抱怨。若是投机者，他绝对应该设置一个价位，只要跌破这个价位，无论如何你都应该第一时间将股票抛出。江恩在书中的建议是止损单设在买入价之下3%～5%。考虑到中国股市波动幅度比较大，投资者可以适当放宽止损单的范围，例如5%～10%。不设止损单的后果就是眼睁睁看着股价被拦腰砍断。

　　江恩要求投资者应当学会判断市场的趋势。因为聪明人不会盲目跟风，而是有自己的看法。在《华尔街四十五年》一书中，江恩没有再重复叙述他《股票行情的真谛》、《华尔街股票选择器》和《新股票趋势探测器》中的规则，我觉得这完全是明智的。即使读者完全掌握了他分析走势的方法，但是却没有遵守交易规则，同样不可能取得成功。因此，江恩在本书的第二章揭示了他的成功之道。

　　简单评述如下：（1）永远不要过度交易，每次交易的时间只可以使用少量的资金。（2）止损单极其重要，无论是盈是亏。设置止损单后不要随便撤销。（3）投机之道乃顺势而为，不要逆市操作，如果你无法确定趋势，就不要入市买卖。分红、股价的高低、摊平成本等都不是入市的好理由。（4）加码、补仓、斩仓、空翻多或多翻空都必须小心谨慎。如果理由不充分，就保持现状。（5）当你赚了很多钱之后要及时休息，避免增加交易。（6）不要因小失大。投资股市如果为

3%～5%的收益，很容易导致较大的亏损。投资应当把握股市的主要趋势。跑差价的人赚不到钱。

2012 年是时间窗口汇集的一年

＊ 以上证指数为例，经过仔细观察可以发现（见图4-4），中国股市的重要高位拐点以平均25±1个月或25的倍数±1个月为时间周期。高点之间时间周期的平均值正好是：(25＋51＋25＋24＋51＋25＋25＋24)÷10＝25(月)。

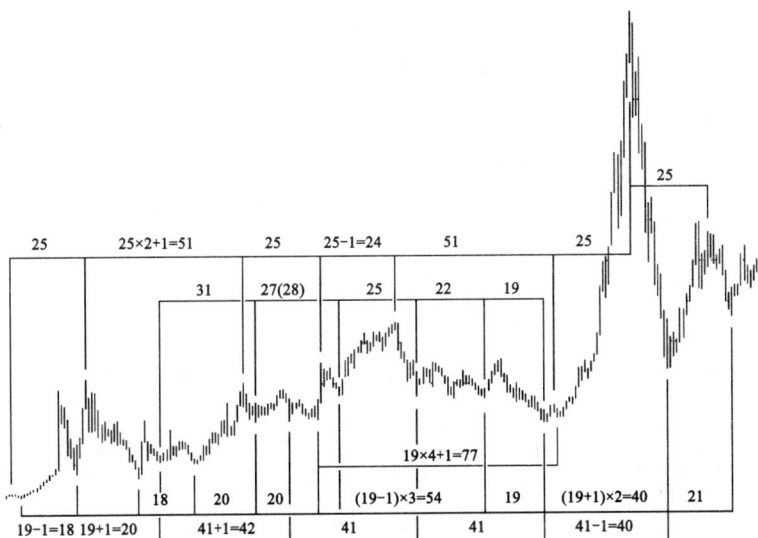

图 4-4　上证指数月 K 线时间周期

＊ 上证指数重要低位拐点以平均19±1个月或19±1个月的倍数或19的倍数±1个月为时间周期。这样低点之间时间周期的平均值

是：（18+20+18+20+20+54+19+40+21）÷12＝19.17（月）。

同时数据还显示，从1994年的最高点1052点到2003年的最低点1307点的时间周期平均值是：（18+20+18+20+20+54）÷8＝18.75（月）；从1307点到2006年的2320点的时间周期平均值是：（19+40+21）÷4＝20（月）。可见，随着时间推移，低点间的时间周期均值有延长的趋势。

＊ 重要低位拐点以平均41±1个月为时间周期。依此类推，需要再经过41个月，即到达2012年3月份时将会产生重要的低位拐点，这样低点之间时间周期的平均值正好是：（42+41+41+40+41）÷5＝41（月）。

＊ 斐波那契数列、江恩时间周期综合判断（允许有1个月的误差）

把上面各数列汇集成一个综合数列，包括：1，2，3，4，5，7，8，9，11，13，16，18，21，25，29，30，34，36，42，47，49，51，55，64，66，76，81，84，89……。

以下是本人对于未来周期的一些思考：

以2005年6月的最低点998点为起算点，它与后面各个重要拐点6124点、1664点、3478点、2640点、3361点、2320点、3187点、2661点间的时间间距分别为28、40、50、51、53、61、65、67个月。

因2005年6月至2012年2月已运行了80个月，我们重点关注的是它与998点、6124点、1664点、3478点、2640点、3361点、2320点、3187点、2661点间的时间间距的数值（共九个）应尽量多地与综合数列中的数值一致（至少应该有五个），也就是说，2012年将是重要时间周期汇聚最集中的一年，在2012年出现重要拐点的可能性相当大。

Chapter 5
趋 势 分 析

道氏理论最先从研究股票市场指数开始。道氏理论的主要观点包括市场指数存在的主要趋势、次要趋势和短期趋势。技术分析的三大假设中的第二条明确说明，价格的变化是有趋势的，价格将沿着这个趋势持续运动。这一点就说明趋势这个概念在技术分析中的重要地位。

趋 势 线

在一个价格运动当中，如果其包含的波峰和波谷都相应地高于前一个波峰和波谷，那么就称为上涨趋势；相反地，如果其包含的波峰和波谷都低于前一个波峰和波谷，那么就称为下跌趋势；如果后面的波峰与波谷都基本与前面的波峰和波谷持平，那么成为震荡趋势，或者横盘趋势，或者无趋势。所谓趋势线，就是根据股价上下变动的趋势所画出的线。画趋势线的目的，即依其脉络寻找出恰当的卖点与买点。趋势线可分为上升趋势线，下降趋势线与横向整理趋势线。

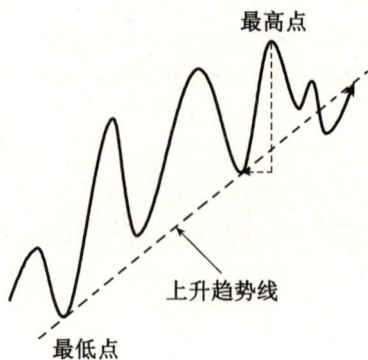

图 5-1　上升趋势线

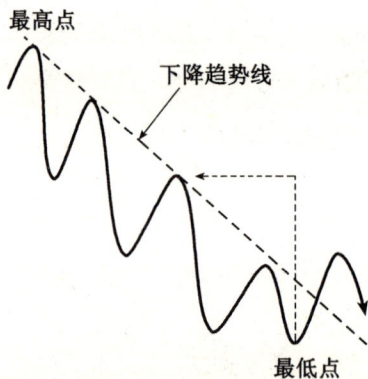

图 5-2　下降趋势线

1. 趋势线的市场含义

趋势线表明当股价向其固定方向移动时，它非常有可能沿着这条线继续移动。

（1）当上升趋势线跌破时，就是一个出货信号。在没有跌破之前，上升趋势线就是每一次回落的支持。

（2）当下降趋势线突破时，就是一个入货信号。在没升破之前，下降趋势线就是每一次回升的阻力。

（3）价格随着固定的趋势移动时间愈久，趋势就愈可靠。

（4）在长期上升趋势中，每一个变动都比改正变动的成交量高，当有非常高的成交量出现时，这可能成为中期变动终了的信号，紧随着而来的将是反转趋势。

（5）在中期变动中的短期波动结尾，大部分都有极高的成交量，顶点比底部出现的情况更多，不过在恐慌下跌的底部常出现非常高的成交量，这是因为在顶点，股市沸腾，散户盲目大量抢进，大户与做手乘机脱手。在底部，股市经过一段恐慌大跌，无知散户信心动摇，见价就卖，而此时实已到达长期下跌趋势的最后阶段，于是大户与做手开始大量买进，造成高成交量。

（6）每一条上升趋势线，需要两个明显的底部，才能确定；每一条下跌趋势线，则需要两个顶点。

（7）趋势线与水平所成的角度愈陡愈容易被一个短的横向整理所突破，因此愈平愈具有技术性意义。

（8）股价的上升与下跌，在各种趋势之末期，皆有加速上升与加速下跌之现象。因此，市势反转的顶点或底部，大都远离趋势线。

2. 趋势线的画法

（1）首先必须找到两个高低水平不同并有一定间距的高点（或低点），并由此试探性地画出下降（或上升）的直线。

（2）如果是画上升支撑线，则价格离第二个低点要有一定的距离，如接近或超过前一阻力位时，趋势线才可认可；画下降阻力线情况则相反。第三个低点（或第三个高点）的出现则是对趋势线有效性的验证。

（3）价格变动的速率可能会加快或放慢，幅度可能会扩大或缩小，在一些情况下，趋势线应随之作相应的调整，以便使趋势线尽可能适应现期的价格变化。

（4）扇形图。当趋势线在同一原点上，作不同斜率的调整，并保留下原有的趋势线，则会形成由多根支撑线（或阻力线）构成的扇形图。

（5）同向双线图。依次上升的阻力位也可以连成一条上升的直线，这条线被称为管道线，同样依次下跌的支撑位也可以连成一条管道线。管道线和基本趋势线一起可组成数种具有特殊意义的价格形态。

（6）三角形图，即逆向双线图。在股价线图上同时画出上升趋势线和下降趋势线，这两条趋势线就会构筑一类基本的价格形态：三角形图。

需要注意的是：趋势线需要连接两个或两个以上的波峰或波谷，连接的波峰或波谷数量越多，趋势线的有效性越强，因而也就越有参考价值。在上涨趋势中，趋势线代表着市场的支撑位；在下跌的过程中，趋势线则代表着压力位。如果价格突破了趋势线，则意味着原有的趋势可能发生改变，需要重新设定新的趋势。上涨趋势线被跌破后，该趋势线将在未来的行情中转变为压力线；下跌趋势线被突破之后，这条线则成为股价的支撑线。

趋势分析的特点是给出了明确的支撑位或阻力位，给出了明确的市场方向，当然其也有盲点：对于预测原有趋势能延续的时间长短没有帮助。与其他技术分析方法一样，趋势分析法只能预测价格发生变化的可能性，这是投资者利用趋势分析方法时所必须掌握的。

趋势投资法是一种比较便于把握且有效的投资方法，投资者只需根据股价走势画出简单的几条线，便可以轻松捕捉到买卖点。

中级上升行情的顶点极有可能形成头肩形态，而离中级上升趋势线会有一大段距离，因此在趋势线被穿过前，有足够的地方让代表下跌的反转形态形成。投资股票，若不是短线进出者，只要确定趋势线有效，就可继续持有股票，直到反转形态确立并跌破趋势线，再将股票抛出。

中级下跌行情的低点也可能形成头肩形态，距中级下跌趋势线有一段距离，股价若要反转上升，必会出现上升反转形态，中长线投资者可在反转形态出现、股价突破趋势线时买进股票。

当然，趋势线迟早是会被突破，而哪些突破具有重要的技术性意义并没有肯定答案，这需要我们结合其他技术工具（比如移动平均线，量价关系、技术指标等）综合判断，才能确认突破的有效性。然而在走势很强的中级上升趋势的最后阶段会有加速上升的现象，股价远远偏离趋势而形成很大的下跌空间，以便在股价与趋势线再度相撞而穿过之前形成许多不同形态。因此趋势线真正被穿过很可能在由头部到颈线的过程，或在完成头肩形态的同时突破颈线。

3. 长期转折点测算后的买入（卖出）法则

我们先看图5-3中的第一个测算点，由于趋势依然向下，股价并没有突破趋势线，此时买入属于赌博式投资，很容易抄"底"抄在了半山腰。第二个买点则是典型的趋势线被突破后的最佳买点，首先，股价突破下降趋势线，说明原有趋势改变；其次，股价不再创出新低，说明做空动力减弱。选择卖点也是同样道理。

4. 判断突破的有效性

（1）突破的程度：股价大幅突破趋势线（5%以上），并在未来

典型的趋势线被突破后
的最佳买点。

买点1

买点2

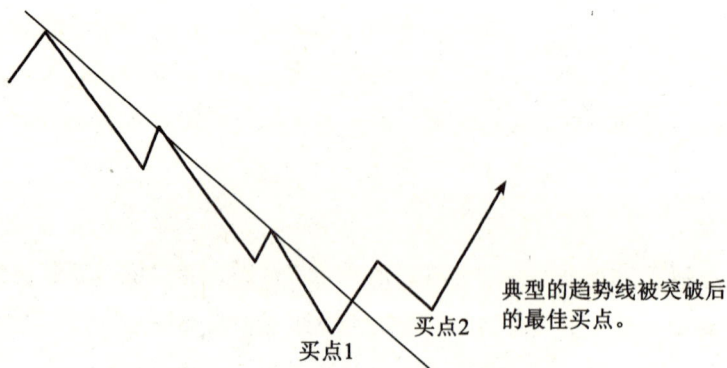

第一个测算点，由于趋势依然向下，股价
并没有突破趋势线，此时买入属于赌博式
投资，很容易抄"底"抄在了半山腰。

图 5-3　长期转折点测算后的买入法则

的三或五个交易日还不能翻过来。

（2）成交量变化：在真正上升开始突破某种形态时成交量必需大增，但是下跌突破时的成交量则不一定。通常股价跌破趋势线的第一天成交量并不显著增加，然而在下跌过程中必会出现大成交量，随后开始萎缩。

（3）股价跌破趋势线后，距离趋势线不远，成交量并没有迅速增长，成交量萎缩至相当程度，股价回抽至趋势线下方，此时成交量如果放大，股价再度下跌，就可以确定为有效跌破。

通常在较大级别趋势行情中，趋势线突破后会有暂时的回抽现象，该回抽过程往往被视为绝佳的逃命机会，因为此时趋势线已经被突破，而价格仍处于趋势线附近不远处，这时投资者往往开始对大势不再抱有希望，纷纷抛售，造成新的下跌趋势的形成。

5. 趋势线的相对陡峭程度（斜率）

趋势线的相对陡峭程度也很重要（见图 5-4）。一般来说，倾斜角度约为 45°的趋势线最有意义。某些图表分析家甚至简单地从图上某个显著高点或低点引出一条 45°倾角的直线，作为主要趋势线。江恩对所谓 45°线技术就特别垂青。这样的直线反映出的价格随着时间上升或下降的速率，恰好从价格、时间两个方面处于完美的平衡之中。

如果趋势线过于陡峭，那么通常表明价格上升得太快，因而难以持久。如果这样的趋势线被跌破了，可能只是意味着上升趋势的坡度将调整回 45°线上下，而不是趋势的逆转。如果趋势线过于平缓，则说明这个上升趋势过于衰弱，因而不太可靠。

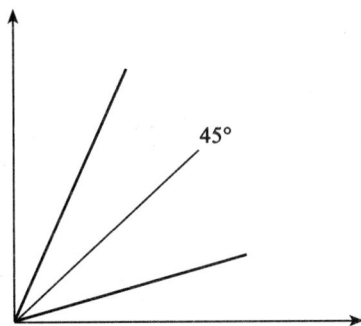

图 5-4　趋势线的角度

在趋势加速的情况下，有时我们需要按角度依次增加的顺序做出好几条趋势线。在这种情况下，最好采用另一种工具——移动平均线，它与弯曲的趋势线异曲同工。同时掌握数种技术工具的好处，就在于可以得心应手地根据不同场合选择最合适的工具。本书所介绍的所有技术都不例外，在某些特定环境下表现良好的，在有些条件下可能就很差。如果技术分析师能掌握充分的后备手段，就能扬长避短，在各种特定环境下，分别选择最适合的工具。在加速的趋势中，如果用移动平均线来代替一系列越来越陡峭的趋势线，就更为有效、可靠。

事实上在任何时刻，市场上总有好几种不同时间规模的趋势并存，因而我们有必要相应地采用不同的趋势线来分别描述各个等级的趋势。比如，主要上升趋势线系由主要上升趋势的低点连接而成，同时也可以用较短的也较灵敏的直线描述中等的价格摆动。另外，还可以用更短的直线来描述短暂的运动。如图 5-5 所示，我们采用各种不同的趋势线来描述不同级别的上升趋势。图 5-5 中线 3 是主要上升趋势线，定义了主要上升趋势，线 1、线 2 定义了次级上升趋势，其中线 2 定义了处于最后一轮次级上升趋势线之中的短暂的上升趋势。

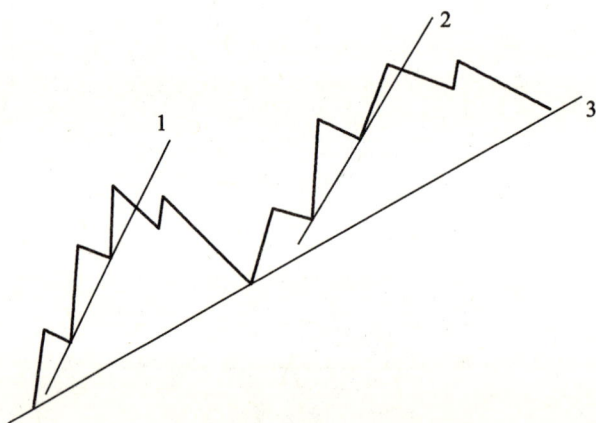

图 5-5　不同级别的上升趋势线

6. 利用趋势线把握买卖点

＊ 无论是在上升趋势，还是在下跌趋势中，当股价触及上方的压力线时，就是短线出货的时机；当股价触及下方的支撑线时，就是入货的时机。

＊ 若在上升趋势线中，发现股价突破上方的压力线，证明新的上升趋势线即将产生。

＊ 同理，若在下跌趋势中，发现股价突破下方的支撑线，可能新的下跌趋势即将产生。

＊ 处于上升趋势轨道中，若发现股价无法触及上方的压力线，这说明涨势开始趋弱。

（1）趋势线买入法则。

买　入

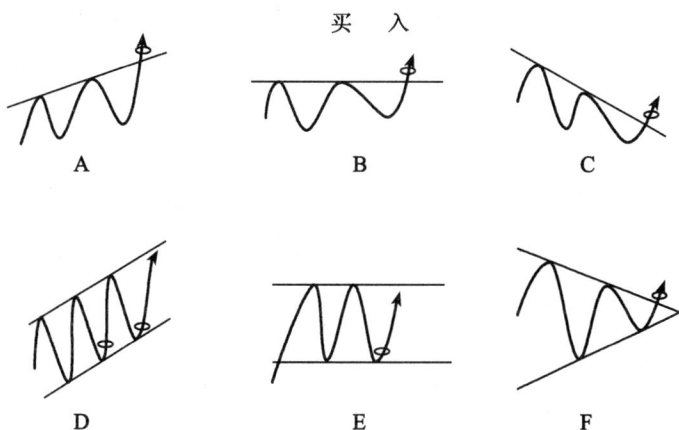

图 5-6　趋势线买入法则

图 A：股价随上升趋势线之上界线向上变动，其后穿越上升趋势线的上界线，轨道更向上倾斜，股价加速上涨，是大行情展开的前兆（见图 5-6-A，后同）。

图 B：股价变动呈盘局，随后则穿越盘局之上界线，表示将改变盘整状态，升势展开。

图 C：股价原向下变动，随后则穿越下跌趋势线之上界线，表示改变下跌趋势或反转上升。

图 D：在上升行情的轨道里，回档至轨道之下界线边缘，是买进抢短线时机。

图 E：股价进入矩形整理，回档至轨道之下界线边缘，是买进抢短线时机。

图 F：股价变动呈对称三角形之盘局，随后向上界线突破。

（2）趋势线卖出法则。

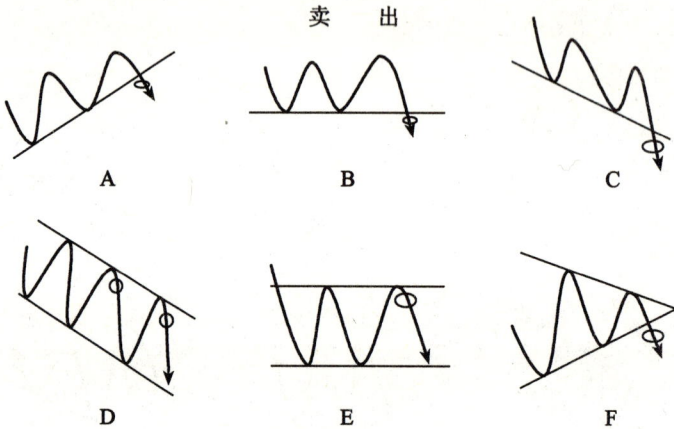

图 5-7　趋势线卖出法则

图 A：股价原向上变动，随后则跌破上升趋势线之下界线，表示改变上升轨道或反转下跌（见图 5-7-A，后同）。

图 B：股价变动呈盘局，随后则跌破盘局之下界线表示将改变盘整状态，开始跌势。

图 C：股价随下跌趋势线之下界线向下变动，其后穿越下跌趋势线的上界线，轨道向下变动，股价加速下跌，是暴跌行情之前兆。

图 D：股价原趋势向下，随后的反弹受阻于通道的上轨道线，是再度减仓的时机。

图 E：股价横向摆动，触碰到上轨道线时是短线的卖点。

图 F：股价变动进入收敛整理，轨道之下界线呈水平移动，上界线向右下方倾斜，随后跌破轨道之下界线，是有效之突破。

图 5-8 是上证指数 2007 年从历史最高 6124.04 点下跌到 2008 年 10 月份最低点 1664.93 点的大级别下跌趋势，由于这轮熊市的空间跨度较大，所以只能采用对数刻度坐标，以反映投资者的盈亏百分比。从图中我们清晰地看到，整轮熊市中一直有一条下降趋势线压制住指数的反弹，直到 2008 年年底股价才突破了这条下降压力线，这也意味着熊市的结束，新一轮趋势的开始。

利用趋势线分析，我们可以很好地规避熊市，把握牛熊拐点。

图 5-8　上证指数 6124.04 ~ 1664.93 点下跌趋势线

通　道　线

通道线又称管道线，是在趋势线的反方向上画一根与趋势线平行的直线，且该直线穿越近段时期价格的最高点或最低点（见图 5-9）。这两条线将价格夹在中间运行，有明显的管道或通道形状。

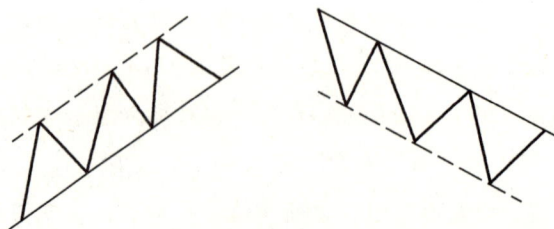

图 5-9　通道线示意图

　　大家应该了解上升趋势线是将股价波动之低点相连，下跌趋势线是将股价波动之高点相连，并且延伸下去。至于通道线，除了将各低点相连，同时也将股价波动高点相连，股价便在上下两条直线内波动，这是上升通道；下跌行情里，除了将各高点相连，同时也将股价波动之低点相连，这是下跌通道（见图 5-10）。

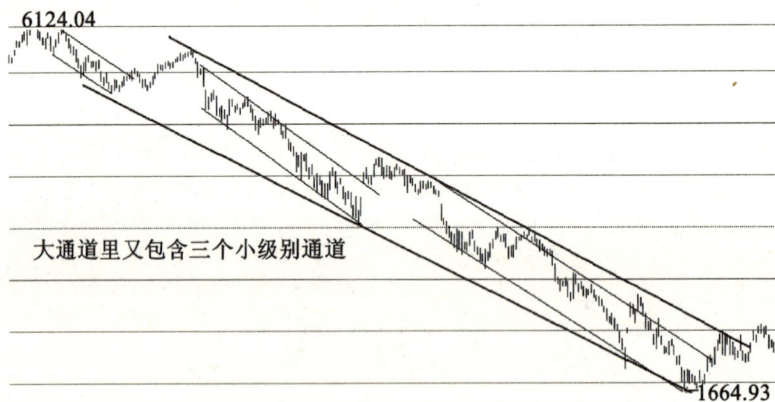

图 5-10　上证指数熊市阶段大通道包含小通道

　　趋势线只是以一条线来预测未来股价走势，通道则将行情局限于两条线内。通道的主要作用是让投资者更容易把握趋势的发展。通道一旦得到确认,那么投资者就很容易把握住市场的中线趋势,短线投资者还可以利用通道的上下轨压力支撑线做高抛低吸。

如果通道线被价格有效突破,往往意味着原有趋势将出现较大的变化。当通道线被价格突破后,趋势上升的速度或下降的速度会加快,会出现新的价格高点或低点,原有的趋势线就会被废止,要重新依据价格新高或新低来画趋势线和管道线。投资者可以利用价格突破管道线的时机来进行加仓或减仓。

通道线除了有限制价格运行空间的作用外,还是一个能够判断趋势是否转向的重要参考指标。如果价格在一次波动中未触及管道线,离管道线很远就开始掉头,这往往是趋势将要改变的信号,说明市场可能没有力量继续维护原有的上升或下降的趋势了。如果趋势线随即被价格突破,那么突破后的价格运动空间至少等于价格未到管道线的距离,或者等同于管道的宽度。该原理和效果也适用于价格远离趋势线就开始掉头的情况,只是结果恰恰相反。

在研究通道线的时候,有两个值得注意的现象。一个是当通道线被价格突破后,往往不会发生价格反抽的现象,即通道线起不到支持回抽运动的作用。当价格突破通道线后,要么一飞冲天,要么会迅速跌回趋势通道里,而不会在管道线附近做任何停留。另一个是下降趋势中的管道线往往起不到支撑的作用,它们经常会被价格迅速跌破。

同趋势线一样,通道线也有被确认的问题。在上升通道线中,如果价格每到通道线附近就开始掉头,说明这条通道线是被市场认可的。当然,通道线被价格触及的次数越多,有效维持的时间越长,其被市场认可的程度就越高。管道线突破的确认,同趋势线突破的确认一样,只是没有价格反抽的动作。

总体来说,通道线和趋势线是相互作用的一对,先有趋势线,后有管道线，但趋势线比通道线重要得多，也更为可靠。同时，趋势线可独立存在，而通道线则不行。

与突破趋势线不同，对通道上轨道线的突破并不是趋势反转的开始，而是趋势加速的先兆，一定要注意这是短暂的突破还是有效的突破。如果确认突破有效的话，那么原来的趋势线的斜率将会增加，趋势线的方向将会更加陡峭（见图5-11）。

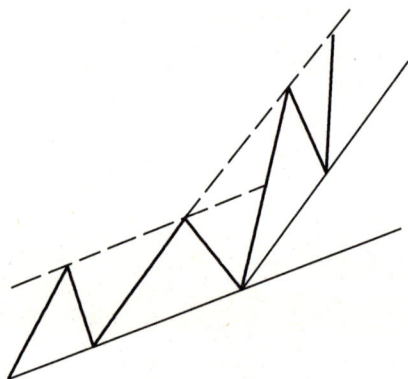

图5-11　通道线被突破

如果价格对通道的下轨线出现了有效的突破，则与趋势线被跌破一样，都预示着原有趋势可能会发生转变，投资者对这种现象一定要小心。

1. 利用通道勘测买卖点

上证指数曾在1994—2001年出现一个长达7年的上升通道（见图5-12），对于投资者来说，我们可以通过初始通道，勘测出图中标示1的买点，同时根据通道的投射线，可以勘测出图中标示2与标示3的卖点。

上证指数　周线

图 5-12　上证指数 1994—2001 年长达 7 年的上升通道（算术刻度）

与图 5-12 同样道理，我们可以通过通道的上下轨，勘测出中短期买点与卖点（见图 5-13）。

东阿阿胶　日线

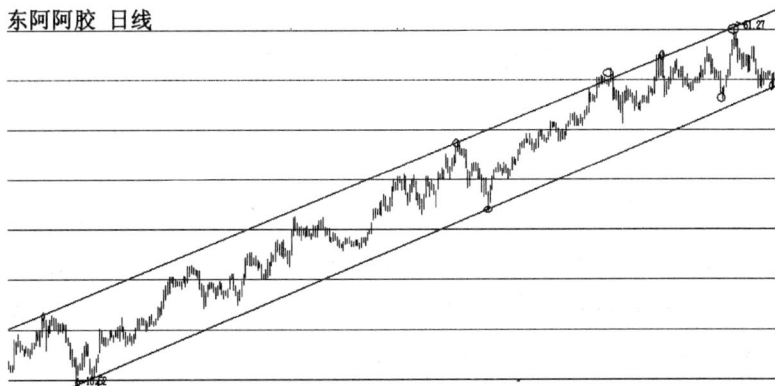

图 5-13　东阿阿胶股价运行在上升通道中（对数刻度）

2. 波浪理论与通道线的完美结合

波浪理论认为，平行的趋势通道常可以非常准确地标出推动浪的上下边界。通过绘制价格通道来帮助确定波浪的运动目标位，并为趋势未来的发展提供线索。

一个推动浪的原始通道至少需要三个参考点。当第3浪结束的时候，先连接标示着1和3的两点，然后做一条平行线触及标示着2的点，如图5-14所示。这种结构为第4浪提供了预计的边界（大多数情况下，第3浪会走得很远，以至于它的起点被排除在最终通道的接触点之外）。

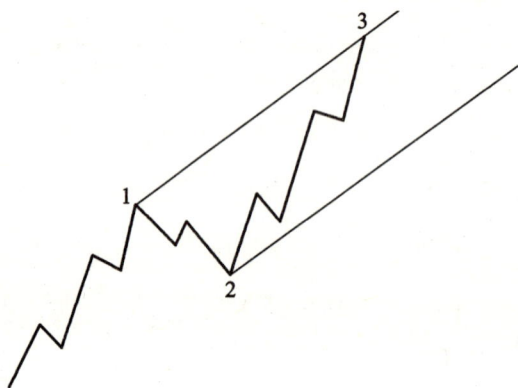

图 5-14　初始通道

如果第4浪的终点正好在初始通道附近，那么初始通道就是最终通道。如果第4浪的终点没有触及平行线，那么为了给第5浪估计边界，你就必须重新建立通道。首先连接第2浪与第4浪的终点。如果浪1与浪3正常，那么触及浪3顶点绘制的上平行线就能准确预示浪5的终点，如图5-15所示。如果浪3异常强劲，几乎竖直，那么由它的顶点做出的平行线就会太高，经验表明，与触及浪1终点的基线相平行的线更有效。在某些情况下，画两条潜在的上边界线有助于提醒你特别注意这些位置上的数浪和成交量特征，然后像波浪数保证的那样采取适当的行动。

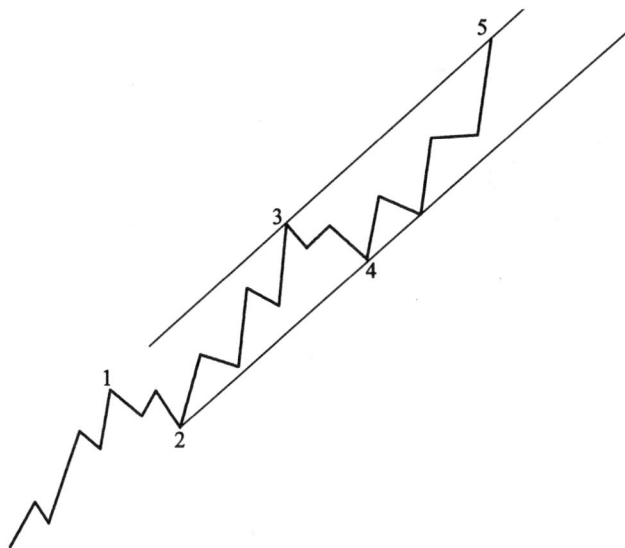

图 5-15　最终通道

趋势的盘整

盘整通常是指股票在某个价格区间内上下波动的走势。盘整可以出现在股价运行的任何阶段，包括顶、底和价格运行中途。根据盘整出现在股价运动的不同阶段，我们可将其分为上涨中的盘整、下跌中盘整、高档盘整、低档盘整四种情形。

1. 上涨中的盘整

上涨中的盘整是股价经过快速上涨后，受到获利盘或解套盘的抛售，而进入的多空暂时平衡的状态，被称为整固形态，为之后的再次上升打好基础。从成交量上看，价升量增，价跌量减，总体成交量并不萎缩，虽有获利回吐盘抛出，但买气旺盛，足以击退空方。该盘整往往以旗形整理形态出现。

2. 下跌中的盘整

下跌中的盘整是股价经过快速下跌后，受到买盘的承接，而进行的多空暂时平衡的状态，被称为休整形态，为之后的再次下跌酝酿动力。从成交量上看，价升量减，价跌量增，总体成交量萎缩，虽有抄底资金承接，但空头力量旺盛。该盘整一般也以旗形整理形态出现。

3. 高档盘整

高档盘整是股价经过一段时间的上涨后，涨势停滞，股价盘旋波动，多方已耗尽能量，股价很高，上涨空间有限，庄家在头部逐步出货，一旦主力撤退，由多转空，股价便会一举向下突破。此种盘整一般以矩形、圆弧顶形态出现。

4. 低档盘整

低档盘整是股价经过一段时间的下跌后，股价在底部盘旋，加之利多的出现，人气逐渐聚拢，市场资金并未撤离，只要股价不再下跌，就会纷纷进场，由空转多，主力庄家在盘局中不断吸纳廉价筹码，浮动筹码日益减少，上档压力减轻，多方在此区域蓄势待发。当以上几种情况出现时，盘局就会向上突破了。此种盘整一般会以矩形、圆弧底形态出现。

上涨有很多种表现，比如说井喷式上涨、脉冲式上涨，进二退一式上涨等等；下跌当然也有很多种表现，跳水式、钝刀割肉式等等。很多人对股票的盘整是琢磨不透的，你不知道它未来是会上升还是会下降。股市有句谚语，"久盘必跌"，意思就是股票盘整久了股价就会下跌。但事实上并非如此。若在底部区域，盘整越久，今后可能的涨幅就会越大，这就是人们常说的"横有多长，竖有多高"，"久伏者飞必高，先开者谢独早"。这也就验证了事物都有其两面性的特点，在股市里体现在股价上，也是一样的。

如何面对盘整，这就要看股价是在低位还是在高位。其实股市并没有绝对的低位，你认为的低位也许并不是低位，股价可能还会向下。在这种情况下就要考虑股票的估值。如果上市公司经营良好，业绩呈现增长态势，市盈率又相对较低，这种情况可以认为是低位。

股价在低位盘整，有可能时间较短，有可能时间会很长，甚至超乎想象的长，盘整到你厌恶、失望，但是这种股票一旦上涨，其力度和幅度将会非常惊人。

判断盘整，尤其对于那些想利用盘整博取价格短差的投资者，可以参考 RSI、KDJ、布林线等技术指标，进行综合分析。

5. 如何判断盘整后的突破

市场中有些投资者习惯把握股价爆发的"临界点"，也就是俗称的"突破点"，试图在最短的时间将自己的利润最大化或将亏损减少到最小。

在股市的股价实际运行中，由于股价走势变化莫测，难以捉摸，突破点为投资者提供了许多投机的好机会，但也不乏出现实力大型投资机构造成诱多或诱空的假突破，一般我们将它们称为"多头陷阱"或"空头陷阱"（见图 5-16）。由于股价突破点的重要性，主力机构经常利用突破点吸引散户投资者，以达到自己的目的。所以投资者在实际操作中，要密切关注突破点的真假。

突破分为向上突破与向下突破两种。向上突破可做买进，向下突破可做卖出。K 线图中的股价突破，主要反映在估价是突破阻力线或

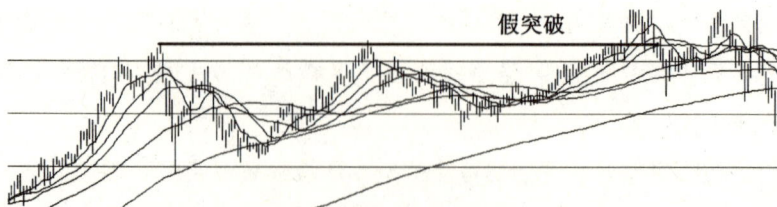

图 5-16　假突破实例图

支撑线，从而上升或下降到新的价格，K 线的走势图上有突破阻力线或支撑线的 K 线出现。当股价向上突破，是股价突破了前期阻力位，表明多头已经突破所有空头力量的抵抗，此时，投资者可做多，多头将继续将股价推上新高；相反，股价向下突破，投资者应做空，因为将会出现比此更低的低价。

那么，如何判断真假突破呢？这里给出几点判断标准：

（1）判断股价是在低位突破还是已经经过大幅上涨后的高位突破。一般来说，低位突破的有效性更高，高位突破往往是多头力量的集中释放。

（2）突破的新股价必须超过原高价或低于原低价的 5% 以上，并站稳 5 个交易日。

（3）股价突破后要有一次回抽确认的过程，待回抽确认完成，再度折返并创出原高价或低于原低价时，方可确认突破有效。

支撑线与压力线

支撑线和压力线具有非常重要的技术意义。支撑的意义即需求集中的区域，亦即潜在的买进力道的聚集区，由于这个区域的需求足够强，因此能阻止价格进一步下跌；也可以理解为，当价格达到这个区域时，显得便宜，因而买方更加倾向于买进，而卖方则开始惜售，需求开始大于供给。

而压力则为供给集中的区域，价格达到该区域时，将引发卖方力量出现。由于这个区域的卖压足够强，因此能阻止价格进一步上升。当价格达到这个区域时，卖方更加乐意卖出，而买方的购入意愿减弱，供给大于需求，价格无法继续上涨。

支撑线和压力线对于股价波动起着制约作用，阻止股价沿着正在行进的方向继续运动下去。一方面，支撑线和压力线在股价趋势未改变之前，对股价具有彻底的制约作用；另一方面，支撑线和压力线在其制约作用被有效突破以后，将相互转化，原有的支撑线转化成为股价运行的压力线，而原有的压力线则转化成为股价运行的支撑线。同时，由于对支撑线和压力线的判断，主观成分占了很大的比重，因此对于支撑线和压力线我们在应用时需要不断地修正。

一般而言，支撑线和压力线对当前影响的重要性应考虑三个方面：一是股价在这个区域停留时间的长短；二是股价在这个区域伴随的成交量大小；三是支撑区域或压力区域发生的时间距离当前时期的远近。依据这三个方面对支撑和压力的修正实际上是人们对现有支撑和压力的重要性的重新确认。

下面以上证指数的例子对支撑线和压力线的应用加以说明（见图5-17、图5-18）。

同时，支撑线和压力线又有彻底阻止股价按原方向变动的可能。当一个趋势终结了，它就不可能创出新的低价或新的高价，这时的支撑线和压力线就显得异常重要。

上证指数日线

压力线

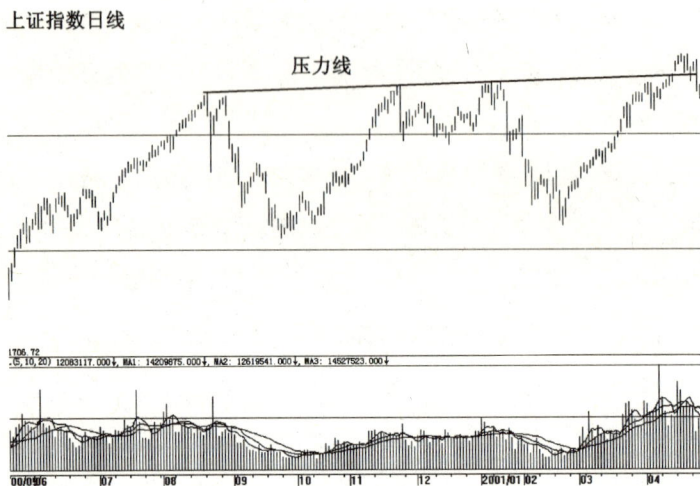

图 5-17　上证指数 2000—2001 年日 K 线走势

上证指数日线

支撑线

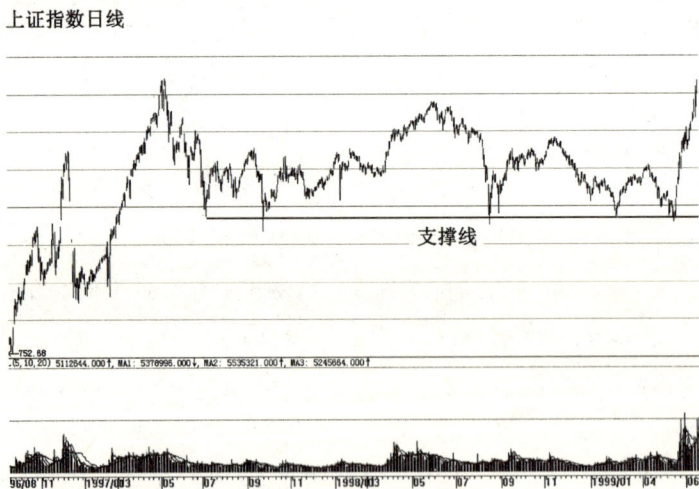

图 5-18　上证指数 1997—1999 年日 K 线走势

支撑与压力也是与趋势线相关的观念。趋势线谈论的是未来价格的可能走向，因此在上升趋势线的下端，存在着不少潜在的买进力量，使得价格持续往趋势线方向走，这个力量即为支撑。同理，在下降趋势线的上端，存在着为数不少的卖出力量，使得价格有沿着下降趋势线行进的倾向，而这个力量即为压力。

在上升趋势中，如果下一次未创新高，即未突破压力线，这个上升趋势就已经处在很关键的位置了，如果往后的股价又向下突破了这个上升趋势的支撑线，这就产生了一个趋势会发生变化的很强烈的警告信号。这通常意味着这一轮上升趋势已经结束，下一步的走向是下跌。

同样，在下降趋势中，如果下一次未创新低，即未突破支撑线，这个下降趋势就已经处于很关键的位置；如果下一步股价向上突破了这次下降趋势的压力线，这就发出了这个下降趋势将要结束的强烈信号，股价的下一步将是上升的趋势，如图 5-19 所示。

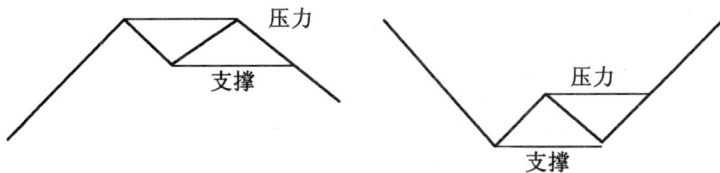

图 5-19　支撑线和压力线

1. 支撑与压力相互转换

另一方面，支撑、压力与价格的形态也有密切的关系。某些价格形态表现出需求或供给集中的意蕴，所以在特定的价格形态下，将会出现特定的支撑或压力的现象。例如，反转形态的 W 底的颈线，本身即为一条压力线，当价格突破颈线（压力线）后，压力转而成为支撑，趋势反转。

支撑与压力将相互转换的另一个原因是投资人心理面转变的因素。即使同一群投资人，也可能因为价格经常会回到压力区域，而开始认为即使在压力区域买进，发生损失的机会也不会太高。尤其是当压力被突破时，这种心理面的转折将显著发生，使得投资人对买进价位的设定调整至原压力区域，很明显，这个时候的压力区已转变成支撑了。而支撑转变成压力的道理亦同。

可见，一条支撑线如果被跌破，那么这一支撑线将成为压力线；同理，一条压力线被突破，这个压力线将成为支撑线。这说明支撑线和压力线的地位不是一成不变的，而是可以改变的，条件是它被有效的、足够强大的股价变动突破（图 5-20、图 5-21）。

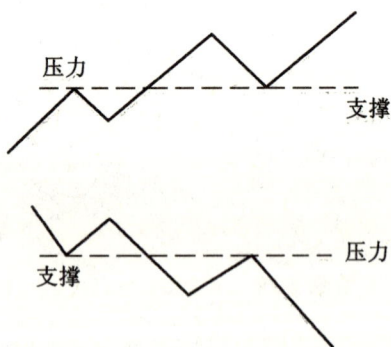

图 5-20　支撑线与压力线之间互相转化

图 5-21　支撑线转换为压力线

2. 判定支撑/压力的力道准则

支撑或压力的另一个重要的问题是它的力道强度如何。一般而言，判定力道强度的方式，可以从成交量、价位距离、形成时间及试盘次数来判定。其中成交量是一个最重要的指标。

（1）由该价格区的成交量情况来判定支撑或压力的力道。支撑或压力形成的原因是需求或供给的集中区，而这种集中程度则表现在成交量的大小。当一个底部形成伴随着大成交量时，则随后该处所构成的支撑力将会较大。

（2）目前价位与支撑/压力区域的距离是其强度的重要因素。如果价格由 50 元开始下跌，跌到 40 元后涨到 45 元，之后再跌到 35 元，这个时候，40 元对 35 元而言将是很明显的压力，如果价格从 45 元跌到 39 元，那么 40 元对 39 元的压力并不明显（见图 5-22）。

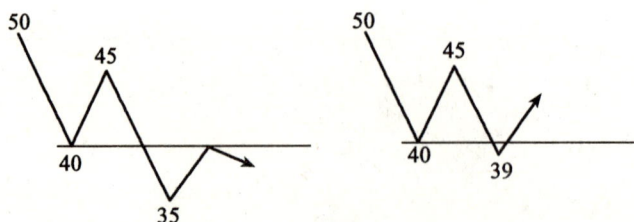

图 5-22 价位与支撑/压力区域的距离

（3）先前的支撑/压力区与现在的时间距离。时间较早前所形成的支撑或压力，可能随着时间的进程，在逐渐的换手下，力道将逐渐消失。相反，近期才形成的支撑或压力区域，其有效性将会较强。

（4）测试次数越多的支撑/压力区，显示其力道越强。试盘多次仍成立的支撑/压力区，它的支撑/压力是显著的。但是短时间的密集试探则有助于支撑/压力的减小，因为每一次试探，都会消化掉一部分力道。例如，价格由 35 元上攻至 50 元后拉回至 38 元，若 38 元再迅速上攻，则压力的力道将较前一次小。但是如果试探失败，价格远离后，原来在试探区买进者都将被套牢，成为下一波的压力。此时，试探的次数越多，就显得力道越强。

Chapter 6
主要技术形态

在分析技术形态之前，我们有必要对量与价的关系进行介绍，这样有助于我们正确识别各种形态。所谓"量在价先"，是指成交量是价格上涨的动力源，是衡量股市行情变化的温度计。一只股票价格的涨跌与其成交量大小之间存在一定的内在关系。投资者可通过分析此关系，判断形势，买卖股票。在前面笔者提到，运用波浪理论识别股价形态，成交量只是辅助工具，但这不等于说成交量不重要，尤其是成交量用来印证形态的可靠性时，其价值无可替代。

首先，量在价先，可以理解为成交量的重要性。技术分析只有与成交量结合在一起分析，才能真正读懂市场。当有资金大量流入时自然引起股价上涨，资金停止流入与流出时自然引起股价下跌。在很大程度上，量能是因，股价是果。如果抛开量只看股价，上涨与下跌的真实性就很难判断，预测股价更无从谈起，以下就来讨论成交量变化对股价后市的影响。

了解量价关系理论

1. 容易入门的量价关系理论——逆时钟曲线（见图6-1）。

其应用原则有八个阶段：

（1）量增价平。

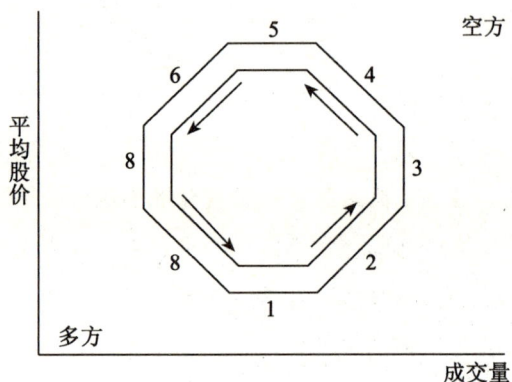

图 6-1　逆时钟曲线理论的八大循环

　　量增价平主要是指个股（或大盘）在成交量增加的情况下股价几乎维持在一定价位水平上下波动的一种量价配合现象。量增价平既可能出现在上升行情的各个阶段，也可能出现在下跌行情的各个阶段。如果股价在经过一段较长时间的下跌后处于低价位区时，成交量开始持续放出，股价却没有同步上扬，这种走势可能预示着有新的资金在打压建仓。一旦股价在成交量的有效配合下掉头向上，则表明底部已形成。

（2）量增价涨。

量增价涨主要是指个股（或大盘）在成交量增加的同时股价也同步上涨的一种量价配合现象。量增价涨只出现在上升行情中，而且大部分出现在上升行情初期，也有小部分是出现在上升行情的中途。经过一轮较长时间的下跌和底部盘整后，市场中逐渐出现诸多利好因素，这些利好因素增强了市场预期向好的心理，换手逐渐活跃。随着成交量的放大和股价的同步上升，买股短期就可获收益。

（3）量缩价涨。

量缩价涨主要是指个股（或大盘）在成交量减少的情况下股价反而上涨的一种量价配合现象。量缩价涨多出现在上升行情的末期，偶尔也会出现在下跌行情的反弹过程中。在持续的上升行情中，适度的量缩价涨表明主力控盘程度较高，大量流通筹码被主力锁定。但毕竟量缩价涨所显示的是一种量价背离的趋势，因此，在随后的上升过程中如果出现成交量再次放大的情况，可能意味着主力在高位出货。

（4）量缩价稳。

股价在高价区盘旋，已难再创出新高，成交量无力扩增，甚至明显减少，此为警戒信号，心中宜有卖出的准备。

（5）量增价跌。

量增价跌主要是指个股（或大盘）在成交量增加的情况下股价反而下跌的一种量价配合现象。量增价跌现象大部分出现在下跌行情的初期，也有小部分出现在上升行情的初期。在下跌行情的初期，股价经过一段较大的上涨后，市场上的获利筹码越来越多，投资者纷纷抛出股票，致使股价开始下跌，这种高位量增价跌现象是卖出的信号。

（6）量缩价跌。

量缩价跌主要是指个股（或大盘）在成交量减少的同时股价也同步下跌的一种量价配合现象。量缩价跌现象既可能出现在下跌行情的中期，也可能出现在上升行情的中期。下跌行情中的量缩价跌表明投资者在出货后不再做"空头回补"，股价还将继续下跌，投资者应以持币观望为主。

（7）价格快速下跌而量小。

这是主跌阶段，股价下跌速度很快，市场上无人接盘，是空方为主的市场，持续卖出。

（8）价稳量缩。

成交量开始增加，股价虽下跌，但跌幅收窄，表示股价已进入谷底，此时多头不宜继续杀跌，空头也不要放肆打压，要伺机回补。

总结一下，量价关系主要有两种情况：

一是量价同向。即股价与成交量变化方向相同。股价上升，成交量也相伴而升，是市场继续看好的表现；股价下跌，成交量随之而减，说明卖方对后市看好，持仓惜售，转势反弹仍大有希望。

二是量价背离。即股价与成交量呈相反的变化趋势。股价上升而成交量减少或持平，说明股价的升势得不到成交量的支撑，这种升势难以为继；股价下跌但成交量上升，是后市低迷的前兆，说明投资者唯恐大祸降临而抛售离市。

2. 成交量与股价趋势关系——葛兰碧九大法则

美国投资专家葛兰碧在对成交量与股价趋势关系研究之后，总结出下列九大法则：

（1）价格随着成交量的递增而上涨，为市场行情的正常特性，此种量增价升的关系，表示股价将继续上升。

（2）在一个波段的涨势中，股价随着递增的成交量而上涨，突破前一波段的高峰，创下新高价，继续上扬，然而此段股价上涨的成交量水准却低于前一个波段上涨的成交量水准。在此时股价创出新高，但量却没有突破，则此段股价涨势令人怀疑，同时也是股价趋势潜在反转的信号。

（3）股价随着成交量的递减而回升，股价上涨，成交量却逐渐萎缩。成交量是股价上升的原动力，原动力不足显示出股价趋势潜在反转的信号。

（4）有时股价随着缓慢递增的成交量而逐渐上升，渐涨的走势突然成为垂直上升的喷发行情，成交量急剧增加，股价跃升暴涨；紧随着此波走势，继之而来的是成交量大幅萎缩，同时股价急速下跌，这种现象表明涨势已到末期，上升乏力，显示出趋势有反转的迹象。反转所具有的意义，将视前一波股价上涨幅度的大小及成交量增加的程度而言。

（5）股价走势因成交量的递增而上升，是十分正常的现象，并无特别暗示趋势反转的信号。

（6）在一波段的长期下跌形成谷底后，股价回升，成交量并没有随股价而递增，股价上涨欲振乏力，然后再度跌落至原先谷底附近，或高于谷底，当第二个谷底的成交量低于第一个谷底时，是股价将要上升的信号。

（7）股价往下跌落一段相当长的时间，市场出现恐慌性抛售，此时随着日益放大的成交量，股价大幅度下跌；继恐慌卖出后，预期股价可能上涨，同时恐慌卖出所创出的低价，将不可能在极短的时间内突破。因此，随着恐慌大量卖出之后，往往是（但并非一定是）空头市场的结束。

（8）股价下跌，向下突破股价形态、趋势线或移动平均线，同时出现了大成交量，是股价下跌的信号，明确表示出下跌的趋势。

（9）当市场行情持续上涨数月，出现急剧增加的成交量而股价却上涨无力，在高位整理，无法再次向上大幅上升，显示了股价在高位大幅震荡，抛压沉重，上涨遇到了强阻力，此为股价下跌的先兆，但股价并不一定必然会下跌。股价连续下跌之后，在低位区域出现大成交量，股价却没有进一步下跌，股价仅出现小幅波动，此即表示进货，通常是上涨的因素。

另外，市场中还流传"天量见天价，地量见地价"的说法，意思就是说，如果股价处于上涨过程中，成交量能够持续放大并创出新高，说明行情仍未结束，只有当随后价格创出新高，但成交量不能继续创出新高时，我们才需谨慎行情的结束（见图6-2）。在熊市中，见到真正的地量后，继续下跌是常见的，因为下跌不需要成交量放大来配合（见图6-3）。即使地量之后不再下跌，也不等于就会上涨，可能盘整很久，因为熊市中见地量并不等于见买点。

需要注意的是，牛市中，成交量萎缩虽然不能简单等同于牛市即将结束，但历史证明，成交量萎缩现象确实值得我们注意，尤其是在慢牛行情中，牛市的顶部几乎都是伴随着量能的萎缩，这就是所谓的量价出现背离。在操作上，无论成交量如何，我们一定要顺势而为，当成交量出现萎缩时，我们要时刻注意随后市场是否真的出现趋势的逆转。若价格果真在随后出现调整并跌破重要的上升趋势支撑线的话，我们一定要在第一时间辨认出顶部的形成并学会及时减仓，规避风险。

我们在这里只介绍量价关系的要点，如果朋友们想深入了解它，请阅读葛兰碧所著的《每日股票市场获最大利益之战略》一书。之前，我们了解了道氏理论、量价关系，其中道氏理论是目前大多数趋势理论的基点，我们也探讨了趋势的基本含义，诸如支撑、压力和通道线等。那么下一步，我们将进一步了解趋势的外表——形态。

所有的技术形态均是建立在道氏理论与趋势理论的基础之上的。在所有技术形态中，反转形态是最重要的部分，因为技术分析最有价

股价处于上涨过程中，成交量够持续放大并创
出新高，说明行情仍未结束，只有当随后价格
出新高，但成交量不能继续创出新高时，我们
才需谨慎行情的结束。

当成交量出现萎缩时，要注意随
后市场是否真的出现趋势的逆转。

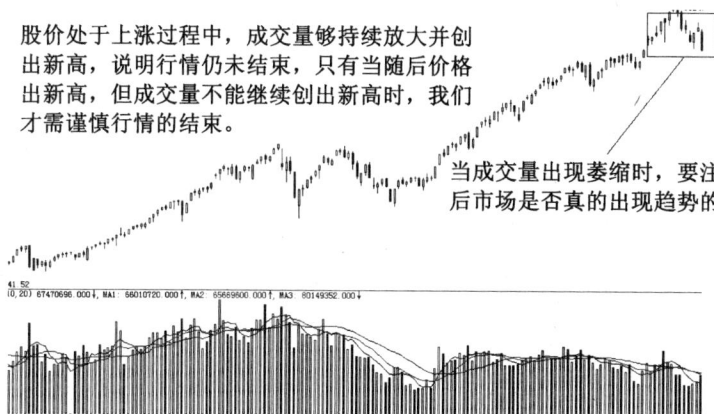

图 6-2　上涨过程中的量价关系

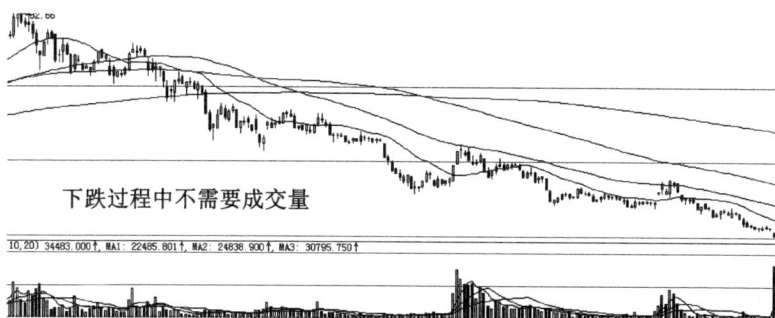

下跌过程中不需要成交量

图 6-3　下跌不需要量能的配合

值的部分就是能够识别反转的所在，在单独介绍各个主要反转形态之
前，有必要认识一下它们之间的共同点。

（1）现有趋势即将反转的主要信号，一般是重要的趋势线被
突破。

（2）形态的级别越高，准确性越高，随后的反转动作也就越大。

（3）顶部往往伴随着巨大的成交量，其形态构建的幅度往往会大

于底部，但时间往往小于底部。

（4）在验证突破信号是否可靠时，成交量的大小具有参考意义。

主要反转形态

具体来说，首先，即将来临的反转过程，往往先伴随着对之前趋势的重要突破。一般以突破之前趋势的趋势线为标志。当然，主要趋势线的突破只是趋势反转的前提条件，并不意味着趋势一定会反转。对前期趋势线的突破无论是否引发趋势的转向，至少能够表明原有的趋势正在发生变化。比如，当上升行情的主要趋势线被突破后，可能意味着下跌趋势的展开或横向整理的延伸。然后，随着事态的进一步发展，我们才能够把该形态确认为是反转型还是持续型，进而决定是否要离场。

反转形态的级别越高，则随之而来的市场动作就越大。所谓级别就是指构建该形态所花费的时间和价格幅度。在实际应用时，我们在测量突破后市场的发展目标时均是以形态的高度为基础的，比如整个形态高度的1、1.618或1.5倍等。

顶部形态与底部形态相比，它的持续时间短但波动性更强。在顶部形态中，价格波动不但幅度大且更剧烈，它的形成时间也较短。底部形态通常具有较小的价格波动幅度，但耗费的时间较长。正因如此，辨别和捕捉市场底部比捕捉其顶部，通常来得容易些，损失也相应少些。

交易量一般在验证向上突破趋势线时更具参考意义。之前我们提到过，在上升趋势中，成交量往往扮演着重要的角色。一般来说，任何反转形态完成之时，均会伴随较大的成交量。不过，在熊市趋势中，成交量即便不放大，市场也会因其自重而下沉。所以，在顶部反转时，成交量并不重要，但在底部反转过程中，成交量就有必要相应放大（见图6-4）。如果价格向上突破，交易量并未呈现出显著增长的态势，那么，整个价格形态的可靠性就值得怀疑了。

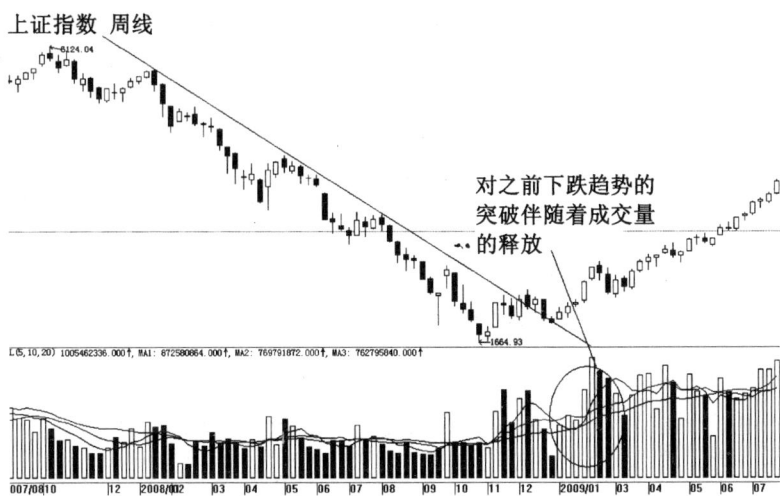

图6-4　上证指数2008年熊市终结之路

1. 头肩形反转形态

我们现在来细细地探讨一下头肩形反转形态。这种反转形态可能是最著名、最可靠的。我们将花费较多的篇幅来研究这类形态，因为，一方面，它本身颇为重要；另一方面，我们也需要通过它来讲解各种新概念。

对于头肩底形态，在形成的过程中也有很多潜在的演变方式，演变方式的不同所带来的运行结果往往不一致。只有了解了潜在的变化，才能在遇到意外变化时及时地跟上市场的节奏。头肩底是一种较为常见的底部形态，往往预示着市场实现了阶段性止跌，此后有望展开一轮反弹走高的行情，因此形成该种形态后往往会成为支撑市场信心的标志。但在实际操作中，随着股指的不断变化，是否头肩底并不容易判断，并且有的还会演绎成为其他的形态，所以必须综合成交量及走势特征进行综合分析。

一般而言，头肩底的主要特点是前期大盘从高位回调之后再搭建一个平台，之后股指再度加速下探走低，受到多方的抄底操作影响，股指再度快速拉升，而由于有获利回吐的压力，使得股指再度开始调整，如果右边调整也是平台格局，就形成头肩底形态。

其内在理论基础是，在前期的平台，多空处于基本平衡的格局，但为了诱空或者吸筹，空方展开了最后疯狂的杀跌，形成新的破位；当力量枯竭的时候，多方强力反扑，股指迅速回升至前期左肩平台附近的位置上；由于有相对较多的解套压力，又使得空方抛压增大，导致出现调整走势。

图 6-5-A 为一个典型的头肩底底部反转形态。该形态由四大基本要素（左肩、右肩、谷底（又名头部）、突破确认）构成，也是作为判定某一段趋势是否可能发生反转的依据：原有趋势是下跌状态，左肩下跌力度较强，之后跌到谷底，空头力量减弱，随后的上涨高于左肩的低点，右肩下跌的力度更弱，并无法再创新低，最后还要出现向上突破。以有效突破头肩底的颈线来确认头肩底的成立。

可以看出，所谓头肩底中的"头"是倒转过来的，也就是并非市场本身有下跌的要求，而是为了引发恐慌进行吸筹；而回到前期平台的时候，必然有部分解套盘涌出，迟滞市场的反弹，导致股指再度横盘。因此，右肩是消化获利筹码、提高市场平均成本、减轻未来上涨压力的过程，所以很多投资者将市场在右肩时看成是逢低参与的机会。

需要指出的是，所谓的头肩底技术形态并非都有机会，也有失败

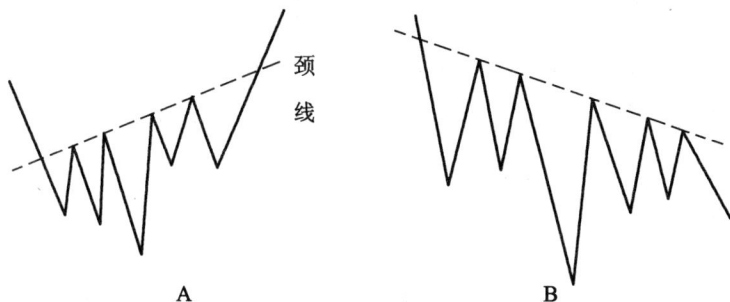

图 6-5　真假头肩底

的时候。而这点正是众多技术人士的技术盲点之所在。笔者认为，真
正的头肩底技术形态，必须满足两点：

一是头肩底的右半部分的成交量一定要大于左半部分。因为头肩
底是反转形态，不是反弹形态，所以反转行情一定需要成交量的配
合。正如图 6-6 所示，上证指数 2010 年 6 ~ 7 月的指数波动（日 K
线）大体覆盖了头肩底形态的右半部分和左半部分，而沪市 7 月份的
累计成交量是 17 819 亿元，6 月份则是 13 245 亿元，7 月份大于 6
月份，说明多头释放的能量超过空头，也就是说这点符合头肩底的经
典特征。

图 6-6　上证指数日线头肩底形态

二是右肩一定要等于或高于左肩。此点也是判断头肩底能否成功的关键。从主力操作的角度来看，如果主力想更好地收集筹码，右肩必须高于左肩，因为这样的话，右肩更高的价格会使得左肩被套的筹码在震荡的过程中卖出。假如右肩的价格波动区间大于左肩的价格波动区间，被套筹码没有解套，当然散户不愿意抛出，那么主力就很难达到收集筹码的目的。

图 6-7 为标准的头肩底和头肩顶形态。下面对其中的知识点逐一进行讲解：

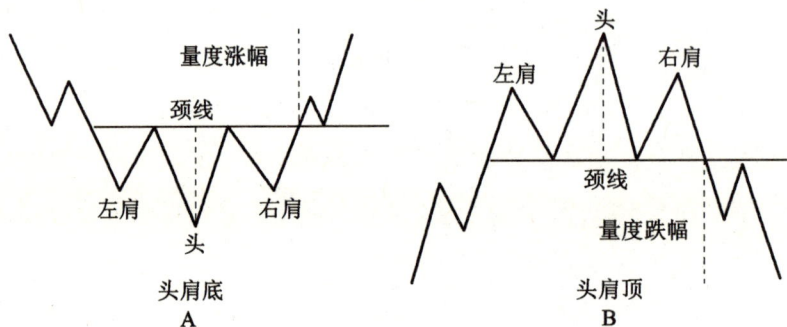

图 6-7 头肩底和头肩顶的突破幅度测量

（1）有依据的入场点。

在头肩底走势中，最有依据的买入机会在向上有效突破颈线之后，以及突破颈线后回抽确认的时候。

（2）回抽。

通常市场会出现回抽现象，即价格重新回到颈线或者前一个向上反弹的低点。回抽现象并不一定总能发生，有时或者只能形成一段极小的反弹。交易量也许有助于我们推测这种反弹的幅度大小。如果在突破颈线的初始阶段交易量极大，那么回抽的余地便大为减小。因为上述突然增加的交易活动反映出市场上较重的向下压力。反过来，如果初始突破时的交易量较小，那么回抽的可能性便大为增加。无论如何，这种反弹应当以较小的交易量进行，并且随后，当新的下降趋势恢复下跌的时候，应该伴随着显著加重的交易活动。

（3）理论最小目标的计算

理论最小目标计算类同于双底形态，以头肩底形态的头部最低点向颈线的垂直距离，向上翻一倍，则是理论最小目标，但这只是最小距离，实际走势中的幅度计算还应该参考大形态上的走势，主要看价位所处的大形态运行阶段和节奏。

在头肩底形态的形成过程中，为了确认形态的有效性和成功概率，在形态完成之前也能从指标上找到一些相互的配合。比如，上证指数于 2010 年年中的头肩底形态，在这个形态初步形成之前，MACD 指标的日线图底背离是一个初步的下跌动力减弱信号；第二个相配合的信号则产生于右肩的形成过程：右肩向上形成突破之前，MACD 指标已经逐渐回到了零轴下方附近，为下一步向上突破做好了技术形态的准备（见图 6-8）。

与股价变化相应的交易量，在整个形态的构建中往往扮演着重要的角色，头肩底形态也一样。一般来说，头肩底的头部的成交量比左肩的要小一点，市场在这种情况下通常具有的一种强烈的倾向性，也是说明市场上卖出压力减轻的早期警讯。最重要的交易量信号是，头肩底形态的右肩的交易量应比左肩大，说明买方的力量在增强。另外，在突破颈线压力时，往往伴随着成交量的急剧释放，然后，出现缩量回抽，回抽之后，成交量再度增加以支撑头肩底形态完成后的主升浪出现。

图 6-8　头肩底形态形成过程中 MACD 指标的配合指引

此外，在头肩顶的形成过程中，成交量的作用比头肩底要逊色一些（图6-9为经典的头肩顶形态）。但是在某些场合，如果新生的下降趋势能够持续的话，交易量依然应当开始增加。而在市场的底部过程中，交易量则担负着更为关键的角色。

2. 双顶和双底

双顶又名 M 头图形。双顶在图形中是一个主要的转势信号。当价格在某时段内连续两次上升至相差高度不大时而形成的价位走势图形。

双顶的形态像两座山头相连，出现在价位的顶部，反映后市偏空。当价格自第一顶回落后，成交量通常都会萎缩。另外，若价格跌破先前的颈线位，便会较急速地滑落，支撑线因此改变为阻力线。

为什么说双顶是强烈的下跌信号呢？因为当第一个顶形成而回跌的过程中，肯定有大量卖盘进场才使行情下挫，在第一个顶的区域的

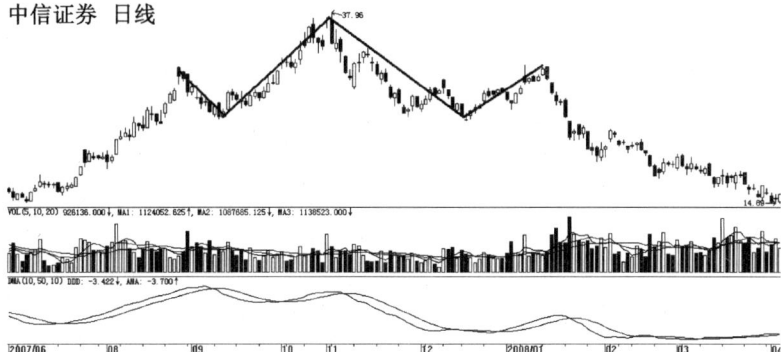

图 6-9　中信证券在 2007 年形成的经典头肩顶形态

买盘已被套牢。当价位回升至和第一个顶差不多的价位时，如果市场买气够旺盛的话，应该就穿越顶峰，造成一浪高一浪的局面。然而，第二波的升势却未能有效突破前一个顶部，并在此形成了第二个顶部。第二个顶部的形成使空方彻底看清了多头力量的空虚，此后空头将长驱直入，投资者争相出脱，一轮下跌行情就此展开。因此，双顶的形成，反映了普遍不敢看好后市的市场心理，是买气不足的表现。特别是跌破颈线后，整个下降走势便可以确认。

　　与双顶对应的是双底，双底又名 W 图形。双底就是一个上升趋势的夯实过程。当第二个底形成时，显示大市/个股已找到支撑点，走势失去了一浪低于一浪的原动力，买气复苏，止跌回升理所当然。

　　在双顶中，交易量往往随着相继的峰而递减，而在向下突破时则应增加。底部形态完成时，向上突破的交易量是否强劲有力，也同样关键。它们的测算意义与头肩形相似，以形态的高度为基础。

　　在双顶与双底形态中，投资者经常会碰到一些陷阱，如双底或双顶的向上假突破或向下假突破等。为保险起见，投资者要耐心等待两个信号的出现方能确认双重顶或双重底的成立：（1）个股突破颈线位5%以上，且至少5个交易日；（2）突破后，若出现回抽颈线，可等回抽完毕，价格再度折返并再创新高或新低后进行交易较为妥当。

双顶（或双底）最低目标价位的测算方法是，自向下（向上）突破点开始，往下（上）投射与形态高度相等的距离（见图6-10）。

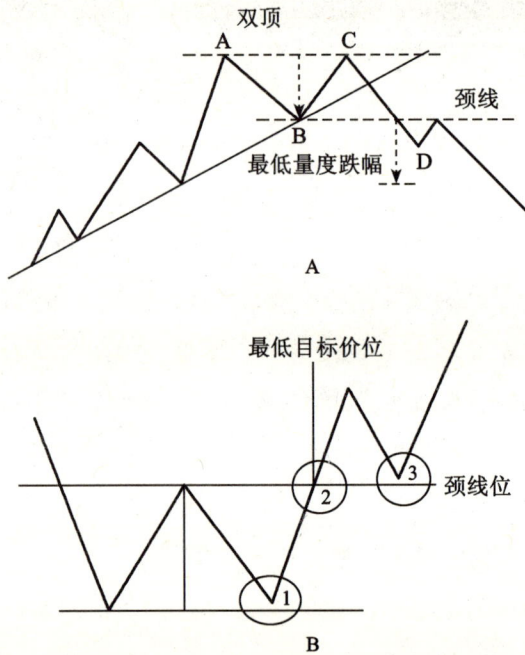

图6-10　双顶与双底

除了形态构造之外，双顶、双底形态的构建规模与持续时间也很重要。双顶之间持续的时间越长，形态的高度越大，则即将来临的反转的潜力越大。这一点对所有的图表形态而言，都是成立的。

一般来说，在有效的双重顶或底形态中，市场至少应该在双顶或双底之间持续一个月，有时甚至可能达到两三个月甚至半年之久（见图 6-11)。

应对双顶或底形态最好的策略首先是趋势线或通道技术，其次是判断形态规模大小，而中间谷值或峰值的突破并非理想的介入时机（见图 6-12)。

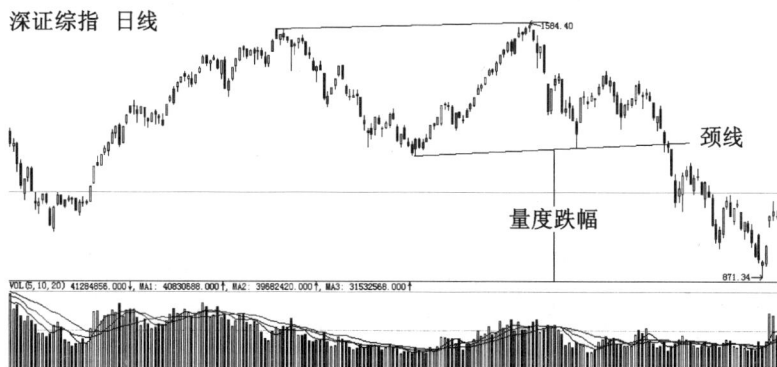

图 6-11 深综指数日线 2008 年双顶形态

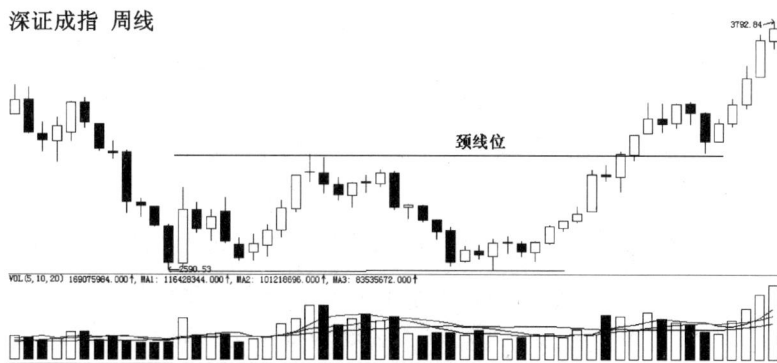

图 6-12 深成指周线 2005 年双底形态

3. V 形反转形态

V 形反转形态因其构造简单，反而成了所有反转形态中最难以辨别的一种形态，不过它却非常多见。之前讨论的反转形态均代表着趋势的逐渐变化。现存趋势先逐渐放缓，进而供求双方的力量对比达到相对平衡，最终决定原有趋势到底是反转还是恢复。

由于市场中卖方的力量很大，令股价稳定而又持续地挫落，当这股抛售力量消失之后，买方的力量完全控制整个市场，使得股价出现戏剧性的回升，几乎以下跌时同样的速度收复所有失地。于是，在图表上股价的运行，形成一个像 V 字般的移动轨迹。V 形走势是转向形态，显示过去的趋势已逆转过来。

在前面的各种形态中，价格有一段横向延伸的时间，投资者能够利用这个机会研究市场行为，仔仔细细地探求其去向的线索。然而，V 形反转形态代表着剧烈的市场反转，与市场逐步改变方向的惯常方式大相径庭。当它发生时，在几乎毫无先兆的情况下，趋势出人意料地突然转向，随即向相反的方向剧烈地运动。因为其身后并无形态可寻，从而其本质是非形态的。这类变化极为经常地孕育在关键反转或岛状反转之中。投资者如何预期这类形态的降临，从而在其实际发生时，及时地把它判别出来并采取适当的措施呢？

首先，事先必须有趋势存在。V 形反转现象经常出现在市场持续上涨，一路很少调整或只有微小调整的情况下。通常，事先已经发生过数次价格跳空。当前的局面显得失去了控制，市场似乎已远远超出了绝大多数正常预期。目前，大部分投资者对这种情况已经提高警惕了。

我们可以想见，投资者当然梦想着自己能够在这种脱缰似的市场中赶上潮流。但是从某个时刻开始，即便是最富经验的投资者也开始因为上涨的持续而不安。

这种困扰事出有因。市场有个极难对付的坏习惯，一旦它脱缰之后，起初总要朝一个方向走得过远，然后，又常常会向相反的方向突然反噬回来。这类突然回弹的特点是，事先通常无迹可寻，事后，市场向相反方向剧烈运动。

V 形走势可分为三个部分：（1）下跌阶段：通常 V 形的左方跌势会持续一段短时间。（2）转势点：V 形的底部十分尖锐，一般来说形成这转势点的时间仅两三个交易日，而且成交量在这低点明显增大。有时候转势点就在恐慌交易日中出现。（3）回升阶段：接着股价从低点回升，成交量亦随之增加。

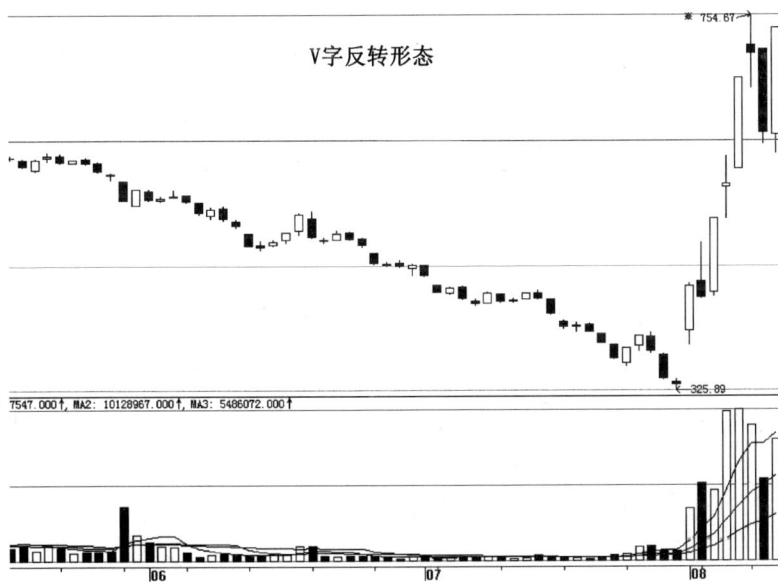

图 6-13　上证指数 1994 年 V 形反转形态

V 形反转的转折点以关键反转日或岛状反转形态为标志，同时伴随着密集的交易量。有些时候，这种反转的唯一有效信号是，市场对其非常陡峭的趋势线的突破。技术指标在这种情形下帮助不大，因为技术指标滞后于急速变动的价格变化，但移动平均线在这个时候往往会猛烈发散。

与 V 形反转相对的是倒 V 形反转，是顶部形态的一种，倒 V 形反转较 V 形反转少见，且并无明显成交特征。(1) 上涨阶段：通常倒 V 形的左方涨势非常陡峭，而且持续一段短时间。（2）转势点：倒 V 形的顶部十分尖锐。(3) 下跌阶段：接着股价从高点下跌，成交量并不需放大就可以导致股价走低。

4. 圆弧顶与圆弧底

圆弧顶指 K 线在顶部形成的圆弧形状。圆弧顶形态比较少见。圆弧顶形态代表着趋势很平缓、逐渐的变化。在顶部，交易量随着市场的逐步转向而收缩。最后，当新的价格方向占据主动时，又相应逐步增加。

图 6-14　圆弧顶形态示意图

在圆弧顶形态中，股价呈弧形上升，虽然顶部不断升高，但每一个高点微升即回落，先是出现新高点，之后回升点略低于前点，如果把短期高点相连接，就可形成一个圆弧顶状。同时在成交量方面也会成圆弧状。多方在维持一段股价或指数的升势之后，力量逐步趋弱，难以维持原来的购买力，使涨势缓和，而空方力量却有所加强，导致双方力量均衡，此时股价保持平台整理的静止状态。一旦空方力量超过多方，股价开始回落，起初只是慢慢改变，跌势不明显，但后来空方完全控制市场，跌势转急，表明一轮跌势已经来临，先知先觉者往往在形成圆弧顶前抛售出局，不过在圆弧顶形成后，出局也不算太迟。

有时圆弧顶部形成后，股价不一定马上下跌，只是重复横向发展形成平台整理区域。这平台整理区域称作碗柄。不过，这碗柄很快会被突破，股价继续朝预料中的趋势下跌。圆弧反转在股价的顶部出现，等股价跌破前一次形成圆弧顶始点时形态才能确立。圆弧顶的最小跌幅一般是圆弧头部颈线到圆弧顶最高点之间的直线距离。

我们再来看一下圆弧底。圆弧底形态属于一种盘整形态，多出现在价格底部区域，是极弱势行情的典型特征。其形态表现在K线图中宛如锅底状。

一旦圆弧底形成后，投资者可抓紧时机，大量买进。圆弧底是标准的股价反转型，此后，股价定会不断上升。从个股图形上看，伴随着股价前期的放量并一直横盘是明显的吸筹，阳线放量，阴线缩量，股价横盘，一旦形成圆弧底洗盘，一般涨幅非常巨大。

圆弧底形态的形成是由于价格经过长期下跌之后，卖方的抛压逐渐消失，空方的能量基本上已释放完毕，许多的高位深度套牢盘，因价格跌幅太大，只好改变操作策略，继续长期持仓不动。但由于短时间内买方也难以聚集买气，价格无法上涨，加之此时价格元气大伤，价格只有停留在底部长期休整，以恢复元气，行情呈极弱势。持仓人不愿割肉，多头也不愿意介入，价格陷入胶着，震幅小得可怜。此时，价格便会形成圆弧底形态，该形态也被称之为价格"休眠期"。

一汽轿车 日线

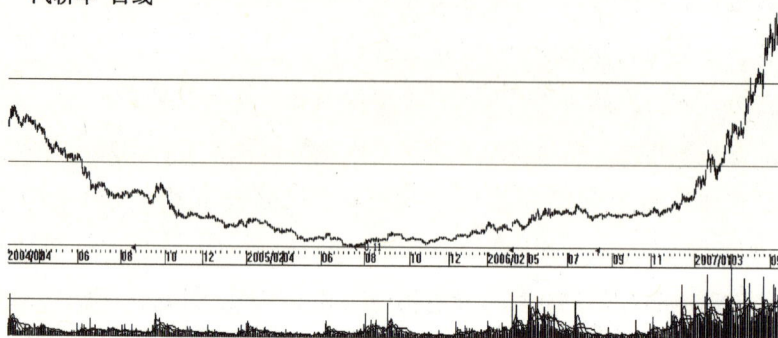

图 6-15　一汽轿车周线大型圆弧底形态

5. 反转 K 线组合

在趋势的概念中，还有一个重要的概念——K 线组合。

对于反转 K 线形态组合，根据个人的经验，中长期趋势中的 K 线组合更有效。与通常认为的 K 线组合分析只适用于短线交易或日 K 线图不同，我认为 K 线组合分析方法更适用于中长线投资或周 K 线、月 K 线图中。这是因为短期内市场容易受到一些消息或突发事件的影响，而中长期走势则能更好地反映出市场趋势的内在力量。

变化是生活的规则。那些只盯着过去或者现在的人必定会失去他们的将来。技术分析最有价值的部分就是能够识别反转的所在，而 K 线组合分析之所以会增加你成功交易的可能性，是因为这些信号是多年来对于反转成功识别的结果。K 线组合主要的反转形态大致概括为：十字星、锤头、射击之星、吞噬模式（多头吞噬模式与空头吞噬模式）、乌云压顶、孕线等。让我们来看一下上证指数近 8 年来的月

K 线走势吧！

在这 8 年中，上证指数经历了 3 次重大的转折，每次转折的 K 线模式无一例外均可以在 K 线组合主要反转形态中找到，且都是以双重反转信号的身份出现，以警告投资者大级别转折的来临。这 3 次转折的时间点分别为：2001 年 6 月、2005 年 6 月和 2007 年 10 月（见图6-16）。

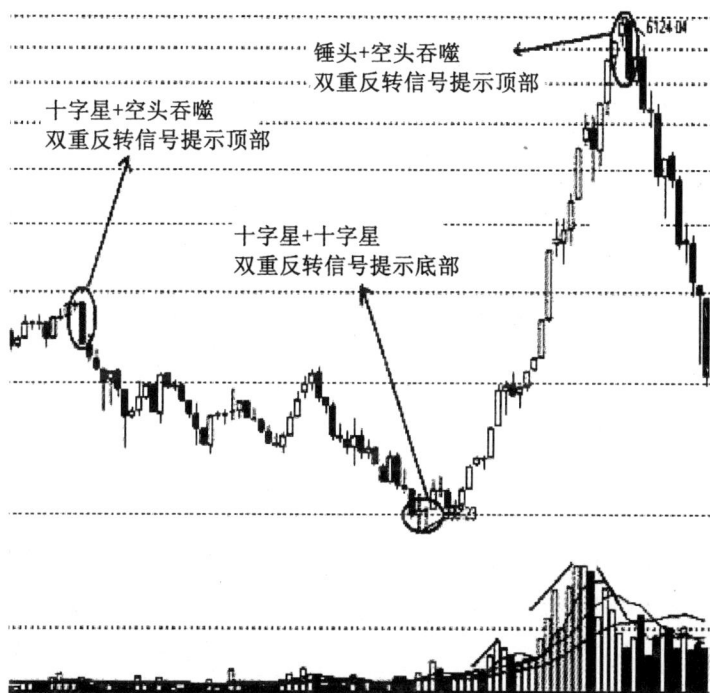

图 6-16　上证指数 2001—2008 年月 K 线图（对数坐标）

笔者大致统计了一下，K 线组合反转信号大概涵盖 80％ 的反转情形。若投资者能从视觉上认出这些明显的信号，将会在交易中占得先机。但笔者并不完全认可仅用一瞥的工夫得出的判断。当市场趋势转折时，的确会经常出现这些 K 线组合反转信号，但这并不代表出现这些 K 线组合信号就一定预示着趋势的转折。

K 线组合并不能单独使用，大家在研判过程中要将 K 线组合与其他指标结合在一起使用，这样才能发挥其最佳效用。例如：在一轮上涨趋势中，投资者要密切关注成交量的变化，当成交量在持续放大时出现的十字星或其他反转信号，往往只是上涨的中继形态，而不是反转形态（见图 6-16 中的 A、B）；当股价上涨，但成交量在逐步萎缩时，一旦出现 K 线组合反转信号，投资者就需要警惕了（见图 6-16 中 2007 年 10 月的顶部）。

华尔街著名的技术分析大师比加洛曾说道："蜡烛分析能增加投资者对趋势发展的预先判断能力。如果你能够熟悉这些特定蜡烛信号背后的心理学，那么在市场上你就会处于极其有利的位置。"

在笔者看来，这些价格变动的视觉图形其实就是实现大众情感影响股价走势的机制性过程。若你能有效地利用这些图形，你的财富公式便会进入一个利润导向的通道中，这个通道将一次又一次向你证明，它让我们人类自身的弱点暴露在可获利的机会面前。

让我们想象一下，股票价格变得越来越低，到最后每个人都只想抛掉这只股票而不管以什么价格抛掉。人们不能继续忍耐下去，因为现在恐惧已经占据了他们的整个心灵。结果次日股票价格就会下跌更多，最终投资者由于不再持有该股票而解除了痛苦和恐惧。如图 6-17所示，我们可以注意到：当经历一段下跌之后，人们是如此恐慌，以致价格下跌很多。于是，第一个出现的问题是："是谁买了所有的这些股票而减轻了人们的痛苦？"也就是说，是谁充分利用了"买低"这个概念？K 线组合分析能使投资者面对这些价格的变化时胸有成竹并且从中获利。

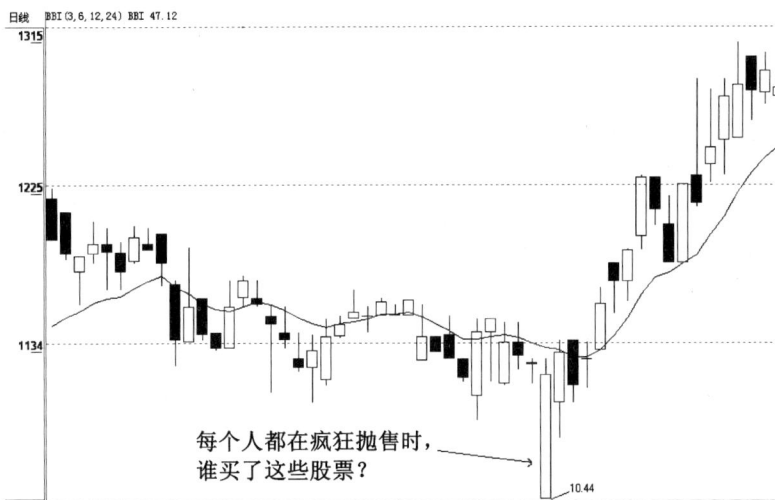

图 6-17　反转模式之看涨捉腰带线形态

拥有有利可图的技术模式，加上丰富的交易经验，投资者能够产生很优秀的投资远见，这些远见可以彻底改进你的投资思维过程，K线组合分析能够解释投资者的情绪。

法国文艺复兴后重要的人文主义作家蒙田曾说过：我们生活的方式是我们的原则的最好的镜子。20世纪60年代的美国著名的银行家汉密尔顿·博尔顿常言：在运用技术分析时，最难做到的一点就是相信自己所看到的一切。

旦你发现了使用K线组合分析的方便与容易，控制风险、坚持原则就会摆在你的面前。

除此之外，在哪里我们还能学习到关于投资者思维过程的知识呢？艾略特波浪与模型确认方法，涉及了价格运动周期的事实；斐波那契数列论证了衡量波动震幅的方法。但是很少有一种投资方法可以分解每一种结果并且描述多方阵营和空方阵营发生了什么，这些信息给 K 线组合分析法带来了空前的投资优势。

名词解释

捉腰带线形态——由单独的一根 K 线构成，既可能有看涨的意义，也可能有看跌的意义。

看涨捉腰带线是一根坚挺的白色 K 线，其开市价位于当日的最低点，或只有极短的下影线，然后一路上扬。看涨捉腰带线又称为开盘秃脚阳线。如市场处在低价区域，则预示着上冲行情的到来。

看跌捉腰带线是一根长长的黑色 K 线，其开市价位于当日的最高点，或只有极短的上影线，然后一路下跌。在市场处于高价位的条件下，它可以构成顶部反转信号。看跌捉腰带线又称为开盘秃头阴线。

捉腰带线的长度越长，其技术意义越重大。注意：如果市场收市于黑色看跌捉腰带线之上，则意味着上升趋势已经恢复。如果市场收市于白色看涨捉腰带线之下，则意味着市场的抛售压力重新聚集起来了。

主要中继形态

中继形态是单边行情中最常见的调整形态之一，由于其顺势运行的把握性相对较大，而成为操作中加仓或减仓的良机。

中继形态是形态操作的核心，相对于反转形态，对我们的操作更为有利。因为反转形态无论把握多么大，都属于逆势操作，而中继形态则是顺势操作最好的借用工具。

中继形态表示在图表上所出现的价格调整结构，只是当前趋势的一个暂时休整，下一步市场运行的方向仍将按照原来的趋势运行（见图6-18）。这就为我们的操作提供了非常好的依据：（1）交易方向确定为顺应原来的方向，这没有逆势的风险；（2）中继形态都有形态本身所产生的关键支撑和阻力，能够清晰地辨认交易风险；（3）中继形态在方向延续的时候，总会经常出现，越是凌厉的单边走势，其中的中继形态越多。在市场的某一个阶段走势中，可能反转形态只能出现两次，即开始和结束的时候，而中继形态却可以无数次地出现，直到趋势的扭转。

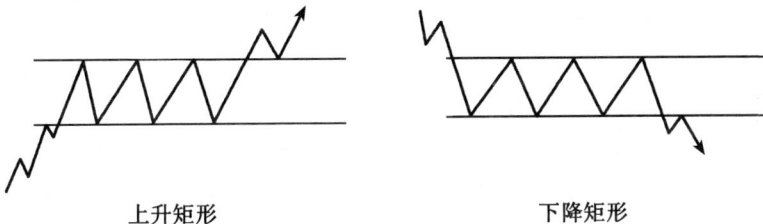

上升矩形　　　　　　　　下降矩形

图 6-18　典型矩形形态

中继形态在形成的过程中，常见的有以下几种：典型的矩形横盘中继形态、三角形中继形态、旗形中继形态。以矩形上涨中继形态为例，中继形态进入盘整期时，盘整平台的上沿要距离此前高点较近，即没有明显的落差。

我们以矩形形态为例，解释其操作要点。矩形是调整型，是指股价在两条并行线之间波动，然后再顺着以前的趋势波动，在该范围内升降。只有当收盘价在矩形上（下）颈线之外时，矩形形态才会完成。长且窄的矩形常出现在底部；短而宽的矩形如出现在顶部当心它演变成三重顶转折形态。

操作要点：（1）在形成的过程中，如出现交易量放大，形态可能失败。（2）有效突破上颈线需有大交易量配合，有效跌破下颈线则不需有大交易量的出现。（3）股价上升时交易量大，下降时交易量小，是持续上升形态；反之，是持续下降的形态。

盈利空间的计算往往要通过其他方式来辅助分析。从最小幅度来计算，大部分情况下，有效突破后的最小量度升幅或跌幅等于矩形形态的最大空间跨度，但多数情况是实际涨幅或跌幅要远大于其最小量度升幅或跌幅。

在了解中继形态时，不能忽略一个重要因素——价格窗口。

所谓窗口，是指前一根 K 线的端点和后一根 K 线的端点之间存在着一个价格缺口。即两根 K 线的最高点和最低点之间的价格跳空。一般来说，应当顺着窗口形成的方向建仓。同时，窗口还将演化成支撑区或阻挡区。因此，在上涨行情中，如果出现了一个窗口，则意味着价格将进一步上升。并且，今后，当市场向下回撤时，这个窗口将形成其底部支撑水平。注意：如果市场在向下回撤时关闭了这个窗口，并且在窗口关闭后，市场的抛售压力依然存在，那么先前的上升趋势就不复存在了。在下降行情中类似，方向相反。

关于跳空的解释，流传着一些陈词滥调。其中有句常常听到的俗套："跳空总会被填回。"这是不正确的。我们且先花点篇幅，澄清一下概念。我们将看到，有些跳空确具意义，但有些则很平常；有些会被填回，有些则不会。同时我们也会发现，价格跳空因其所属的类型及出现的场合不同，具有不同的预测性意义。

跳空一般可分为四种类型——普通跳空、突破跳空、中继跳空以及衰竭跳空（见图 6-19）。

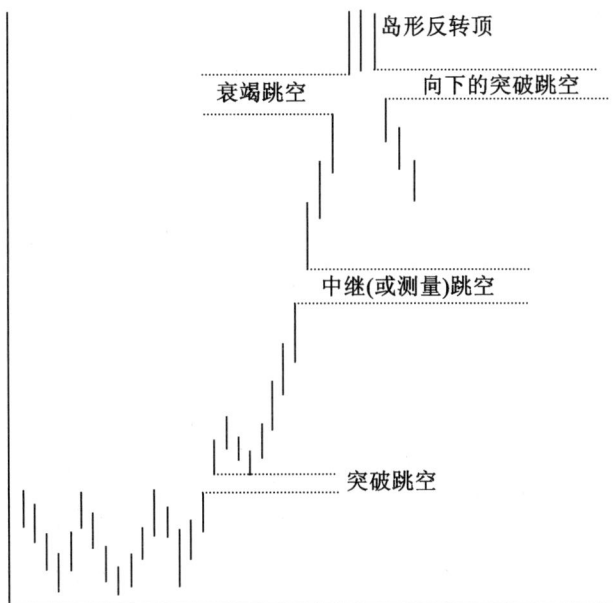

图 6-19   跳空缺口

普通跳空：普通跳空在四种类型中预测性价值最低，通常发生在交易量极小的市场情况下，或者是在横向延伸的交易区间的中间阶段。其主要原因是市场参与者了无兴趣，市场清淡，相对较小的交易指令便足以导致价格跳空。大多数图表分析师对普通跳空忽略不计。

突破跳空：突破跳空通常发生在重要的价格运动完成之后，或者新的重要运动发生之初。在市场完成了主要的底部反转形态，比如头肩形底之后，对颈线的突破经常就是以突破跳空的形式进行的。在市场的顶部或底部所发生的重要突破，正是滋生此类跳空的温床。另外，因为重要趋势线被突破意味着趋势反转，所以也可能引发突破跳空。

突破跳空通常是在高额交易量中形成的。突破跳空常常不被填回。价格或许会回到跳空的上边缘（在向上突破的情况下），或者部分填回到跳空中，但通常其中总有一部分保留如初，不能被填满。一般来说，在这种跳空出现后，交易量越大，那么它被填回的可能性就越小。事实上，如果该跳空被完全填回，价格重新回到了跳空的下方的话，那么这倒可能是个信号，说明原先的突破并不成立。向上跳空在之后的市场调整中通常起着支撑作用，而向下跳空在之后的市场反弹中将成为阻挡区域。

中继跳空：当新的市场运动发生、发展过一段之后，大约在整个运动的中间阶段，价格将再度跳跃前进，形成一个跳空或一列跳空，称为中继跳空。此类跳空反映出市场正以中等的交易量顺利发展。在上升趋势中，它的出现表明市场坚挺；而在下降趋势中，则显示市场疲软。正如突破跳空的情况一样，在上升趋势中，中继跳空在此后的市场调整中将构成支撑区，它们通常也不会被填回，而一旦价格重新回到中继跳空之下，那就是对上升趋势的不利信号。

此类跳空又称测量跳空。因为它通常出现在整个趋势的中点，所以我们可以从本趋势的信号发出之处或突破处，顺着趋势方向翻出一倍，从而估计出该趋势今后的发展余地。

衰竭跳空：最后这一类跳空出现在接近市场运动的尾声处。在价格已经抵达了所有目标，并且上面介绍的两种跳空（突破跳空和中继跳空）均已清晰可辨之后，分析者便开始预期衰竭跳空的降临。在上升趋势的最后阶段，价格在奄奄一息中回光返照，跳上一截。然而，最后的挣扎好景不长，在随后的几天乃至一个星期里价格就开始下滑。当收市价格低于这种最后的跳空后，表明衰竭跳空已经形成。上述情况非常典型，说明在上升趋势中，如果跳空被填回，则通常具有疲弱的意味。

最后，让我们再回到价格跳空之前的话题——反转形态上来，看看与跳空紧密联系的岛形反转形态。有时候，在向上衰竭跳空出现后，价格在其上方小范围盘桓数日乃至一个星期，然后再度跳空而下。在这种情况下，那几天的价格变化在图表上就像一个孤岛，四周为空白"海水"所包围。向上的衰竭跳空同向下的突破跳空结合在一起，就完成了一个反转形态，它通常意味着市场将发生一定幅度的折返。当然，这场反转的规模也要取决于它本身在趋势的总体结构中所处的地位。

Chapter 7

正确运用技术指标

提到技术指标，大家肯定并不陌生，KDJ、MACD、布林线等这些都是股民常用的技术工具。技术指标分析，是依据一定的数理统计方法，运用一些复杂的计算公式，来判断价格走势的量化的分析方法，主要有移动平滑指标（如MACD）、相对强弱指数（如RSI）、随机指数（如KDJ）等。

目前在国际上流行的技术指标有上百种，仅普通的交易软件就有几十种，那么，什么指标最有效？根据多年的交易经验，笔者挑选出最常用也是最管用的几个指标：KDJ、MACD、RSI、布林线。

在对上述指标逐一讲解之前，笔者总结了应用这些技术指标时需要注意的几个要点：（1）指标的背离，是指股价的走向与指标的走向出现了分歧。"背离"这一概念在之前的文章中曾反复提到，相信大家已不陌生；（2）指标的交叉，也就是常说的低位金叉和高位死叉，是指指标中的两条或多条线发生了交叉现象；（3）指标的钝化，此现象一般发生在极端的上涨或下跌行情中，此时指标已经严重超买或超卖，失去了原有的作用，但也从侧面告诉我们当前行情所处的特殊阶段；（4）指标的转向，意思是指标的曲线发生了调头，有时是原有趋势的结束和新趋势的开始，但有时也只是原有趋势中暂时的休整，需要我们辨别真伪；（5）指标的位置：指标处于高位和低位或进入超买区和超卖区。

实战中，投资者在应用指标时，往往有"这个指标不好用，那个指标不灵"的感受。究其原因，问题往往都出在使用指标的人自己身上。投资者在使用技术指标时，常犯的错误是机械地照搬结论，而不问这些结论成立的条件和可能发生的意外。实际上，每种指标都有自己的盲点，也就是指标失效的时候。在实际中应该不断地总结，并找到盲点所在。

目前许多分析人士喜欢将某一种指标套用在所有的形态中，这种做法有着很大的缺陷。每一种指标都有其各自的特点；同一种技术指标运用在不同的技术形态上，往往有着不同的表现；同时，所有的指标几乎都有它的缺陷。因此，技术指标的正确用法是：根据不同的浪形和浪级，即根据股价运行的不同阶段以及不同的形态来选择不同的指标组合，这是因为不同的指标所反映的股价运行的内涵是有差别的，组合指标所反映的东西相对来说就较为完整。

在灵活运用各种技术指标之前，我们有必要深入探究每一种技术指标的意义及其用法。

移动平均线

移动平均线 MA 是趋势型指标，又称均线、成本线，代表在一段时间内买入股票的平均成本，在操作中具有很强的指导性。移动平均线分析法是由美国投资专家葛兰威尔所创立，以道氏股价分析理论的

"三种趋势说"和"平均成本概念"为理论基础，采用统计学中"移动平均"的原理，将一段时期内的股票价格平均值连成曲线，用来显示股价的历史波动情况，进而反映股价指数未来发展趋势的技术分析方法。它是道氏理论的形象化表述。

移动平均线是将某一段时间股指或股价的平均值画在坐标图上所连成的曲线，用它可以研判股价未来的运行趋势。移动平均线以5日、10日、30日、60日、120日和250日为指标参数。其中，5日和10日的短期移动平均线是短线炒作的参照指标，称做日均线指标。30日和60日的中期均线指标，称做季均线指标。120日、250日的长期均线指标，称做年均线指标。

移动平均线的计算方法是将某一时间段的收盘股价或收盘指数相加的总和，除以时间周期，即得到这一时间的平均线。如5日移动平均线，就是将近5日的收盘价相加除以5，得到的就是第一个5日平均线，再将第一个5日平均线乘以5减去第1日的收盘价加上第6日的收盘价，其总和除以5得到的就是第二个5日平均线，将计算得到的平均数画在坐标图上连成线，即是5日平均线。其他移动平均线的计算方法以此类推。

从图7-1中我们可以看到，2006—2007年上证指数整个牛市中每逢中期调整必然会在60日均线附近得到有力支撑，显示出极强的市场特征。60日均线成为牛市中的生命线，一旦跌破60日均线便可确认熊市的开始。另外，在2008年的大熊市中，60日均线也很好地起到了压制反弹的作用，投资者也可视60日均线是否被突破来判断熊市是否结束。

移动平均线的拐点非常重要，它通常预示着趋势的转变。当一种移动平均线向上运行，无法再创新高，并显示波峰状，即是股价无力创新高并可能转变趋势下行的征兆，这种拐点通常又称为卖点。在下

整个牛市过程中，虽有几次
明显跌破，但是随后的继续
上穿均形成又一波行情

熊市过程中未
出现一次上穿
MA60的信号

MA60

二次突破MA60
后又是一波行情

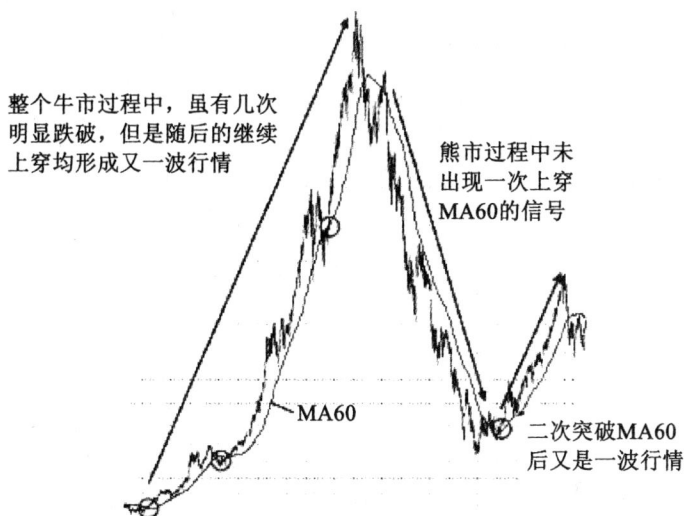

图 7-1 上证指数 2006—2008 年牛熊周期中 60 日均线对趋势的作用

跌过程中，移动平均线向下运行，曲线转平并调头时，波谷就出现
了，即人们所说的买点。投资者应紧跟移动平均线及时发现转点（波
峰和波谷）来寻找买卖点。

1. 移动平均线形态

当移动平均线在底部出现双底形态或三重底形态，就是最佳买入
时机。而当移动平均线在顶部出现双顶形态或三重顶形态，就是最佳
卖出时机。黄金交叉以 10 日移动平均线和 20 日移动平均线为例，在
底位 10 日移动平均线上穿 20 日移动平均线产生的交叉点，叫黄金交
叉，这通常就是较好的买入点，即进货点。

死亡交叉以 10 日移动平均线和 20 日移动平均线为例，10 日移
动平均线在高位从上向下穿 20 日移动平均线，所得到的交叉点叫死

亡交叉。死亡交叉出现时，通常是个较好的出货点，意味着明确的离场信号。但不是所有的黄金交叉和死亡交叉都是进货点和出货点。原因是主力有时会操作骗线。尤其是在上升途中或者下跌途中，主力可能会进行震荡洗盘或震荡出货。此时，黄金交叉和死亡交叉所指示的买卖点是非常不可靠的，这种情况下，投资者应该小心。

在明显的上升趋势和下降趋势中，会分别出现移动平均线的多头排列和空头排列。

移动平均线多头排列：当股指或股价上涨时，移动平均线托着K线上升，也就是K线在均线的左上方，这现象叫多头排列。多头排列发生的时候，是投资者的持股期。

移动平均线空头排列：当股价或股指下跌时，移动平均线由大到小自然排列，从K线的右上方压制K线向右下方行进，这种现象叫空头排列。空头排列发生时，是投资者的持币期。

移动平均线简单实用，易于掌握，深受投资人的喜爱。但同时，它也有缺点。主要是在股指、股价窄幅整理或庄家进行震荡洗盘时，短期移动平均线会过多出现买卖信号，这类信号不易辨别，容易造成误导。

移动平均线MA的最基本的思想是消除偶然因素的影响，另外还稍微有一点平均成本价格的涵义。总结一下，它具有以下几个特点：

（1）追踪趋势。注意价格的趋势，并追随这个趋势，不轻易放弃。如果从股价的图表中能够找出上升或下降趋势线，那么，MA的曲线将保持与趋势线方向一致，能消除期间股价在这个过程中出现的起伏。

（2）滞后性。在股价原有趋势发生反转时，由于MA的追踪趋势特性，MA的行动往往过于迟缓，调头速度落后于大趋势。这是MA的一个极大的弱点。等MA发出反转信号时，股价调头的深度已经很大了。

（3）稳定性。由 MA 的计算方法就可知道，要比较大地改变 MA 的数值，无论是向上还是向下，都比较困难，必须是当天的股价有很大的变动。因为 MA 的变动不是一天的变动，而是几天的变动，一天的大变动被几天一分摊，变动就会变小而显不出来。这种稳定性有优点，也有缺点，在应用时应多加注意，掌握好分寸。

（4）助涨助跌性。当股价突破了 MA 时，无论是向上突破还是向下突破，股价都有继续向突破方向再走一程的愿望，这就是 MA 的助涨助跌性。

（5）支撑线和压力线的特性。由于 MA 的上述四个特性。使得它在股价走势中起支撑线和压力线的作用。移动平均线的助涨与助跌性，在股价走出盘整区域后表现尤为明显。当股价脱离盘整上升时，它会发挥很强的助涨作用，即使偶尔回挡，也会因受到平均线的支撑而向上；反之，当股价脱离盘整区域下跌时，它就产生很强的助跌作用，股价即使反弹，也会受到平均线的压制而再创新低。

2. 短、中、长线交易策略

短期投资者可取用 5 日、10 日、20 日移动平均线作为买卖依据。比如 5 日代表了一周的市场平均成本，10 日的移动平均线代表两周，此两者皆能确实反映短期股价平均成本变动的趋势，故可作为短线进出的依据。而 20 日的移动平均线则代表 1 个月，基本搭配的组合以这一组为参考。

中期交易组合可以采用 20 日、30 日、60 日移动平均线。其中，60 日移动平均线（称为季线）往往是中期趋势强弱的分水岭。由于季线对"波段"的有效性极高，尤其在股市尚未十分明朗前，能够预先显示股价未来变动可能性的方向，而周期越长的移动平均线对于股价之支撑或压力之力道越大，在与数浪搭配研判时，季线更扮演相当重要的角色。

长期交易的均线组合，可以参考 60 日、120 日、250 日移动平均线，这三条线是研判股市中长期牛熊的参考指标。一般来说，如果 120 日、250 日线是朝下走的，意味着市场依然处于熊市氛围中，投资者操作上要以谨慎为主；当 120 日、250 日线朝上走时，则表示牛市冲天，是最佳的挣钱时机。

3. 移动平均线显示的买卖时机

移动平均线可揭示市场的平均成本，并可预测股价运行趋势。移动平均线向下运行，则趋势向淡；移动平均线向上，显示趋势向好。根据葛兰威尔法则，我们将买卖时机分为以下几个典型情况。

（1）均线组合呈现多头排列：在均线组合由空头转向多头时，可视为买入时机，在均线组合多头的初中期，可大胆做多，但在其后期尤其是多头组合开始走平期，要多加警惕趋势的转向。同理，均线组合呈现空头排列，是多翻空的信号。

（2）当两条均线出现黄金交叉时，是做多信号。当然，两条均线如果是 5 日、10 日等短期均线，则是短期做多的信号，适合短线投资者；中长线投资者要关注 60 日、120 日、250 日均线的黄金交叉；同理，两条均线的死亡交叉，是做空的信号。

MACD 指标的应用

MACD 指标作为一种技术分析的手段，得到了投资者的认可，但如何使用 MACD 指标才能使投资收益达到最佳境界，却是知者甚微。

许多人在运用 MACD 的红柱和绿柱的收缩来研判行情，或是运用 MACD 指标的金叉或死叉来判断顶底时，往往会感觉该指标无效或是有明显的滞后性。

实际上，MACD 指标并非适合于任何股价运行阶段。根据笔者的总结，MACD 指标往往适用于有明显的趋势性行情中，在震荡市中它将失真。因为在震荡市中，MACD 指标中的指标 DIF 线与 MACD 线的交叉将会十分频繁，同时柱状线的收放也会频频出现，不规律，颜色也会常常由红转绿或由绿转红，此时 MACD 指标处于失效状态，使用价值较低，需要采用其他指标代替。

MACD 指标的主要价值有两种：（1）利用 MACD 指标与股价的背离来研判顶部或底部；（2）利用 MACD 指标的零轴线来看股价之强弱趋势。

虽然笔者在之前的文章中已经反复提到过背离的运用，但在此还是有必要向大家阐述一下技术指标背离的运用技巧。

在运用技术指标时，经常会遇到走势与指标背离的现象。背离，简单地说，就是走势不一致。背离特征一旦出现，就是一个比较明确的采取行动的信号。通常指标背离有两种，一种是顶背离，另一种是底背离。

顶背离通常出现在股价运行的高位，当股价的高点比前一次高，而指标的高点却比指标的前一次的高点低，也就是指标处于高位，并形成一峰比一峰低的两个峰，而此时股价对应的却是一峰比一峰高，这表示该指标预示市场表面强劲但内在空虚，暗示股价很快就会反转下跌，这就是所谓的顶背离，是比较强烈的卖出信号。

反之，底背离一般出现在股价运行的低位，当股价的低点比前一次的低点低，而指标的低点却比前一次的高，也就是说指标认为股价不会再持续下跌，暗示股价会反转上涨，这就是底背离，是比较强烈的进场信号。

能够形成明显技术指标背离特征的指标有 MACD、KDJ、RSI 等，其形态都存在与股价背离的特征。

背离特征需要注意的问题如下：

（1）各种技术指标有效性并不相同，进行技术指标分析时，相对而言，用 MACD 与 RSI 的背离来研判行情的转向成功率较高。

（2）指标背离一般出现在股价高位时，通常只需出现一次背离的形态，即可确认反转形态，而股价在低位时，一般要反复出现几次背离才可确认反转形态。

（3）持续钝化后的背离较为准确，若完全根据背离特征进行操作，常会带来较大的失误，这种情况特别容易出现在股价暴跌或暴涨时。此时，KDJ 指标很可能呈高位或低位钝化，之后该股价仍然出现上涨或下跌。实际上，将几种指标结合在一起判断股价走向，准确性会更高。

（4）注意识别假背离。通常假背离往往具有以下特征：没有进入指标超买或超卖区域就出现背离。技术指标高于 80 或低于 20，并经过了一段时间的钝化，这时的背离用以确定顶部和底部比较有效。而指标在 20 ~80 之间往往是强势调整的特点而不是背离，后市很可能继续上涨或下跌。

某一时间周期背离，其他时间并不背离，比如日线图背离，而周线或月线图并不背离。某一指标背离而其他指标并没有背离。各种技术指标在背离时候往往由于其指标设计上的不同，背离时间也不同，在背离时候 KDJ 最为敏感，RSI 次之，MACD 最弱，单一指标背离的意义不大，若各种指标都出现背离，这时股价见顶或见低的可能性较大。

接下来我们具体看一下 MACD 指标背离的应用。

由于当前全球股市都处于后危机时代，我们就以熊市行情为例，看看 MACD 的底背离的主要特征。在一轮大熊市行情中，若单单只是日 K 线级别的底背离，大多意味着阶段性的底部即将出现；若是周 K 线乃至月 K 线级别的底背离，则意味着大底即将到来。另外，在大跌行情中，若底背离低点后连续出现两次顺次的背离时，下跌行情已快结束的可能性更高。当然，需要注意一点的是，底背离的出现并不意味着一定会出现底部，对于保守的技术人士，最好等待背离出现之后，股价确实出现了大涨来支持底部的确认。

我们以上证指数 2008 年大熊市为例，图 7-2 中的两处日 K 线级别的 MACD 指标底背离只是预示着阶段性的底部即将出现。

图 7-2　日 K 线级别的 MACD 指标底背离（上证指数 2008 年 3 月至 8 月）

图 7-3 则是上证指数周 K 线级别的 MACD 指标底背离，这种长周期的底背离的出现，对研判大的牛市或熊市非常有帮助，而且也很有效。

另外，由于 MACD 指标是跟随股价上下波动的，所以该指标也

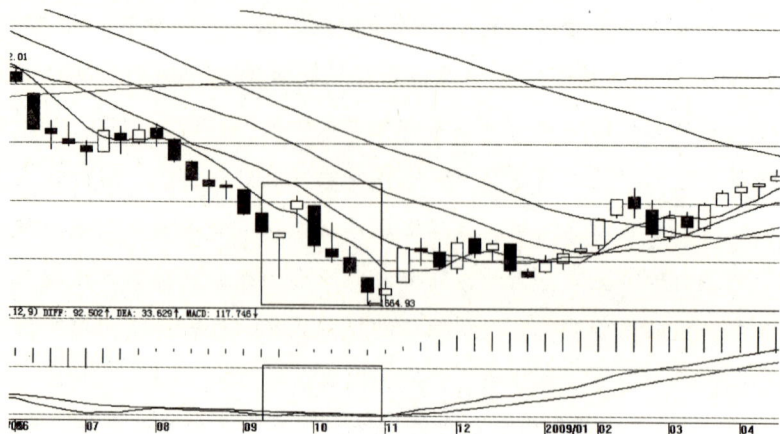

图 7-3　周 K 线级别的 MACD 指标底背离

（上证指数 2008 年 6 月至 2009 年 5 月）

会出现诸如头肩底、双底、三重底等形态，此类形态可以进一步支持 MACD 底背离的有效性。

当 MACD 从低位首次运行到零轴线以上时（见图 7-4），表示大势已由之前的空方转向了多方，此时 MACD 往往会再度掉头向下，许多投资者看到该指标高位死叉后往往被吓跑。但恰恰相反，MACD 指标首次运行到零轴线以上后的首次回落，往往是牛市中途的调整，一般 MACD 指标在这次调整中不会跌破零轴，而是在零轴之上结束调整，再度向上运行。

当 MACD 从高位首次运行到零轴线以下时，表示大势已由之前的多方转向了空方，此时 MACD 往往会再度掉头向上。许多投资者看到该指标低位金叉后往往被认为底部来了，而去买入，但恰恰相反，MACD 指标首次运行到零轴线以下后的首次回升，往往是熊市中途的反弹。一般 MACD 指标在这次调整中不会突破零轴，而是在零轴之下结束反弹，再度向下运行。

图 7-4　MACD 从低位首次运行到零轴线以上

（上证指数 2008 年 10 月至 2009 年 7 月）

敏感的 KDJ 指标

众所周知，KDJ 指标也是投资者经常使用参考的一个技术指标。这是一个对于价格变动比较敏感的指标，特别是结合周 K 线图或者日 K 线图一起研判，投资者通过对指标的分析便能较明确地得出进场时机。由此可见，正确运用好 KDJ 指标，就能很好地判断行情。

KDJ 指标是超买超卖指标体系中的一种，其中文名称为随机指数。KDJ 指标是由 K、D 和 J 三条曲线组成。想进一步了解 K、D 和 J 三条曲线具体含义的投资者，可查阅相关资料。KDJ 的取值范围可划分为几个区域：50 以上为超买区，100 以上为严重超买区，50 以下为超卖区，20 以下为严重超卖区。

KDJ 指标的优点在于投资者易于掌握，指标反应敏感，往往能给出非常明显的进货信号和出货信号。不过，在实践中许多人往往会有这种感觉：有时挺准的，有时候又不怎么准。这到底是怎么回事呢？这是因为每种技术分析方法都有它的适用范围，比较敏感的 KDJ 指标，应该更适合于价格整理时使用，这时的准确性应该比较高。

按照教科书上的说法，KDJ 指标低位黄金交叉意味着进货，高位死亡交叉意味着出货。但是在实际应用中，黄金交叉的信号经常可能使投资者进货太早而被套牢，死亡交叉的信号使投资者出货太早而被轧空，所以，若投资者只知道金叉买入、死叉卖出的话，将会感到该指标并不灵验，并招致很大的失误（见图7-5）。

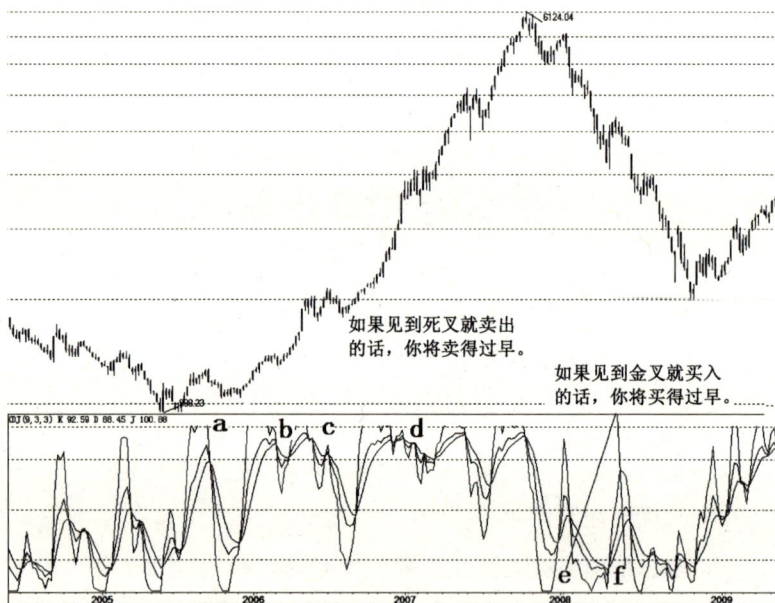

图7-5　上证指数2005年以来的周K线走势及对应的KDJ指标

正如图7-5所示，若投资者按照教科书上的用法，见到 KDJ 指标高位死叉，在 a、b、c 和 d 处选择卖出的话，你将错过随后的大涨行情；如果见到 KDJ 指标低位金叉，在 e 和 f 处选择买入的话，你将过早地抄底。同样的道理，我们可以注意 2009 年以来的上证指数的周 K 线图上的 KDJ 指标变化，该指标曾在 1 月初和 3 月中旬出现过两次高位死亡交叉，但如果你卖出的话，你将踏空接下来的行情。

实际上，KDJ 指标最核心的功能并不是交叉，而是我们常说的 KDJ 指标的低位钝化和高位钝化。认识 KDJ 指标的钝化现象对于投资者来说是非常关键的。

在平衡市或箱体震荡行情中，KDJ 指标一旦出现高位钝化，投资者就需要准备卖出。一旦出现高位死叉，就应坚决清仓出货；KDJ 指标一旦出现低位钝化，投资者就要准备买入。一旦出现低位金叉，就应坚决建仓（见图 7-6）。

图 7-6　箱体震荡中的股价及对应的 KDJ 指标

但在明显的趋势行情和主升及主跌行情中，KDJ 指标的用法就发生了很大的变化，表现为在主升行情中明明指标严重超买股价就是不回档，而且指标越超买股价的涨势越猛，这时投资者就要坚定持股，最大限度地获取主升浪的利润；在主跌行情中，明明指标严重超卖股价就是不反弹，而且指标越超卖股价的跌势越猛。主跌行情也是一样的道理。

对于这种情况，也有有效的解决办法：在 K 线图上加一条上涨或下跌的趋势线，在股价没有破这条趋势线前，KDJ 发出的任何一次反向操作信号均不予理会。只有当股价破了趋势线后，才开始考虑 KDJ 的信号。

非常重要的一点：月线级别的 KDJ 指标还具备识别牛市或熊市行情何时开始和结束的功能。在牛市行情中，只要月线上的 KDJ 指标依然在高位钝化，我们就不用担心牛市行情结束。而当月线上的 KDJ 指标跌入超卖区后，投资者就要警惕牛市的结束了。熊市行情也是一样的道理。这一用法与常规的 KDJ 指标用法几乎正好相反（见图 7-7）。

另外，我们还可以在 K 线图上配合使用通道线，在股价没有破上升通道线前，KDJ 发出的任何一次反向操作信号均不予理会。只有当股价破了趋势线后，才开始考虑 KDJ 的信号。

图 7-7 很好地展示了月线级别的 KDJ 指标的含义及用法，2005年 12 月大盘月线 KDJ 指标进入超买区，表明 2001—2005 年四年熊市的结束，牛市的开始。同理，2008 年 2 月份大盘月线 KDJ 指标跌入超卖区，表明牛市结束，熊市开始；2009 年 3 月份大盘月线 KDJ 指标进入超买区，尽管当时是一轮小牛市行情，但在技术层面也是牛市行情的确认。

需要提醒投资者的是，笔者所介绍的 KDJ 指标主要是周线和月线级别的 KDJ 指标。原因有两点：（1）由于 KDJ 指标对股指反应敏感，短期的市场价格波动很容易影响到该指标的变动，特别是在个股层面上，KDJ 指标就更容易受到股价短期波动的影响。另外，不排除主力

上证指数　月线

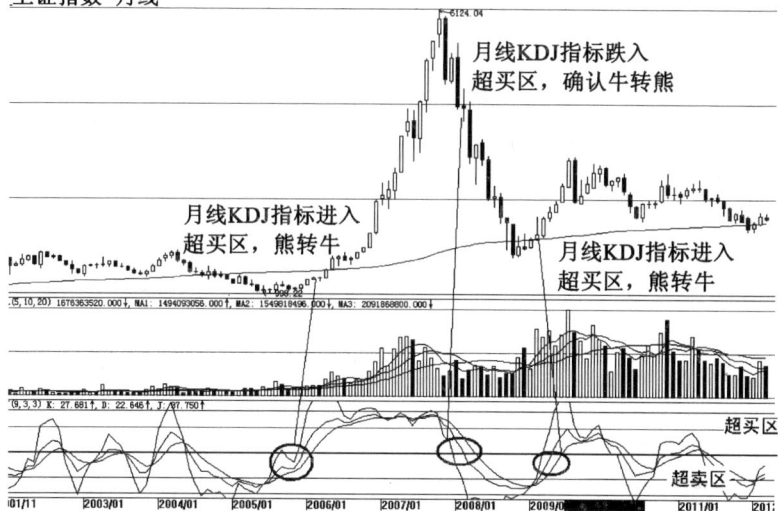

图 7-7　上证指数 2002 年以来的月 K 线走势及对应的 KDJ 指标

利用股价做骗线，改变短期 KDJ 指标走势，以欺骗投资者做出错误的交易。而周线或月线的 KDJ 指标，受到上述因素的影响就小很多了。
（2）周线和月线级别的 KDJ 指标更有利于我们判断中长期市场所处于的位置，对我们把握大的趋势很有帮助。

由于 KDJ 指标很敏感，它给出的指标经常超前，因此可以通过观察 KDJ 指标的形态来帮助找出正确的买点和卖点，KDJ 指标在低位形成 W 底、三重底和头肩底形态时再进货；在较强的市场里，KDJ 指标在高位形成 M 头和头肩顶时，出货的信号可靠性将加强。

KDJ 指标和数浪相结合，是一种非常有效的方法。在 K 线图上，可以经常清晰地分辨上升形态的浪 1，浪 3，浪 5。在 K 线图上，股价盘底结束，开始上升，往往在上升第 1 子浪时，KDJ 指标即发出死亡交叉的出货信号，这时候，可以少考虑这个卖出信号，因为它很可能是一个错误信号或是一个骗线信号。当股价运动到明显的第 5 子浪时，如 KDJ 指标给出卖出信号，就坚决出货。这时候 KDJ 指标给出的信号通常将是非常准确的。当股价刚刚结束上升开始下跌时，在下跌的第 1 子浪，少考虑 KDJ 指标的买进信号。而当股价下跌到第 3 子浪或第 5 子浪时，才考虑 KDJ 指标的买入信号，尤其是下跌第 5 子浪后的 KDJ 指标给出的买进信号较准确。

在股价进入一个极强的市场或极弱的市场，股价会形成单边上升走势和单边下跌走势；在单边下跌走势中，要有效解决 KDJ 钝化问题，可以在 K 线图上加一条下降趋势线。在股价没有打破下跌趋势线前，KDJ 发出的任何一次买入信号，都不用考虑；只有当股价打破下降趋势线后，再开始考虑 KDJ 指标的买入信号。在单边上升的走势中，市场走势极强，股价会经常在高位发出卖出信号，按此信号操作，投资者将丢失一大段行情。这时，也可以考虑在日 K 线上加一条上升趋势线，在股价未打破上升趋势线前，不考虑 KDJ 指标给出的卖出信号；而股价一旦打破上升趋势线，KDJ 给出的卖出信号将坚决执行，决不手软。

布林线（BOLL）的用法

布林线、MACD、KDJ 可以并列视为技术分析者必备的技术指标。布林线属于路径指标，股价通常在其上限和下限的区间之内波动。布林线的宽度可以随着股价的变化而自动调整位置。由于这种变异使布林线具备灵活和顺应趋势的特征，它既具备了通道的性质，又克服了通道宽度不能变化的弱点。

布林线具备四大功能

（1）布林线可以指示支撑和压力位置；（2）布林线可以显示超买、超卖；（3）布林线可以指示趋势；（4）布林线具备通道作用。

理论上讲，股价运行在一定宽度的带状范围内，它的特征是股价没有极度大涨大跌，处在一种相对平衡的状态之中，此时使用布林线的方法非常简单：（1）当股价穿越上限压力线时，为卖点信号；（2）当股价穿越下限支撑线时，为买点信号；（3）当股价由下向上穿越中界线时，为加仓信号；（4）当股价由上向下穿越中界线时，为卖出信号。

布林线缩口的意义：股价经过数波下跌后，随后常会转为较长时间的窄幅整理，这时我们发现布林线的上限和下限空间极小，愈来愈窄。盘中显示股价的最高价和最低价差价极小，短线没有获利空间，经常是连手续费都挣不出来，盘中交易不活跃。投资者要密切注意此种缩口情况，因为一轮大行情可能正在酝酿中，一旦股价上升，布林线开口扩大，上升行情宣告开始。

如布林线在高位开口极度缩小，一旦股价向下破位，布林线开口放大，一轮跌势将不可避免。

布林线开口的意义

（1）当股价由低位向高位经过数浪上升后，布林线最上压力线和最下支撑线开口达到了极大程度，若开口不能继续放大转为收缩，此时是卖出信号，通常股价紧跟着是一轮大幅下跌或调整行情。

（2）当股价经过数浪大幅下跌，布林线上限和下限的开口不能继续放大，布林线上限压力线提前由上向下缩口，等到布林线下限支撑线随后由下向上缩口时，一轮跌势将告结束。

另外，布林线适用于常态的箱形整理行情，不太适用于明显的趋势行情和极端的趋势行情，这一点非常重要，而且也是正确使用布林线的前提条件。在常态的箱形整理行情中，股价见到布林线的下轨时，可以买入，在股价见到上轨时应该卖出。在明显的下跌趋势行情和极端的下跌趋势行情中，布林线的下轨也和股价一起向下运行（股价很有可能贴着下轨并和下轨一起向下跌），因此，在这种情况下，当股价下碰布林线下轨时，一般情况下不要以布林线的下轨作为买入股票的依据，否则有可能招致很大的损失（见图7-8）。

在单边行情中，股价触到布林线下轨并非意味着见底。

图 7-8 2008 年 1 月 21 日上海汽车股价跌穿布林线下轨

同理，在明显的上升趋势行情和极端的上升趋势行情中，布林线的上轨也和股价一起向上运行（股价很有可能贴着上轨并和上轨一起向上涨或布林线的上轨托着股价一起向上涨），当股价上碰上轨时，一般情况下不要以布林线的上轨作为卖出股票的依据，否则的话，很有可能过早地卖出了一只牛股（见图7-9）。

当布林线出现极度收口时，股价将出现突破方向的选择，而且突破的力度会很大。

综上所述，使用布林线时一定要分清股票目前正运行的状态，是

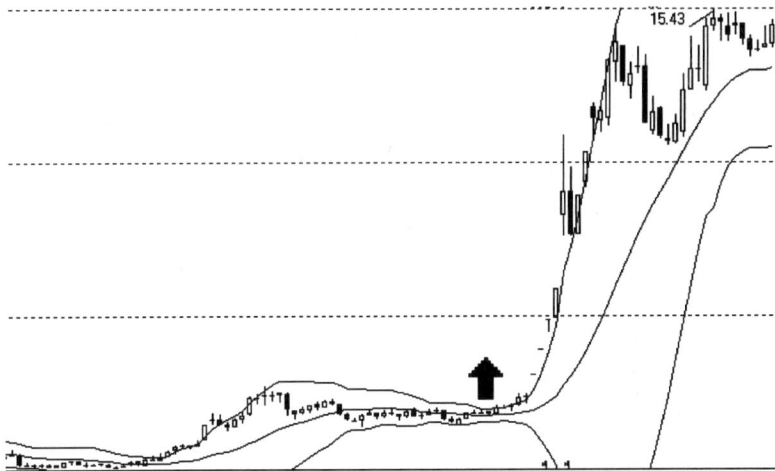

图 7-9　2006 年 3 月天坛生物股价暴涨前的布林线变化

常态的箱形整理行情，还是明显的趋势行情或整理形态后的突破行情。如果只知道"下轨买，上轨卖"，那么在实际操作中就会招致很大的损失。

用 RSI 指标判断行情的顶部和底部

在技术指标中，RSI 也是常用指标之一，又称摆动指标。相比之前的三大指标，使用 RSI 指标的人较少，但这并不代表该指标的价值没有之前的三大指标高。

RSI 是技术分析大师王尔德（J. W. Wilder）首创的，发表在他的《技术交易系统的新思路》一书中。我们在这里只介绍这种方法的要点。如果朋友们想深入了解它，请阅读王尔德的原著。

RSI 指标就是相对强弱指标。强弱指标最早被应用于期货买卖，后来人们发现在众多的图表技术分析中，它类似于 KDJ。RSI 主要用以判断股票的超买与超卖现象。

顺便说说，"相对强弱"这个术语用得有点不当。所谓相对强弱，一般是指两个不同对象的比值。如道琼斯工业类股票对标准普尔 500 种股指（S&P500）的价格之比，就是该股票或工业类股票同标准普尔 500 种股票指数相比较而言的"相对强弱"的标志。

1. RSI 的运用原则

与许多人喜欢将 RSI 指标应用到短线投资上不同的是，笔者更愿意使用 RSI 指标来判断行情的顶部或底部。

首先，先让我们了解一下什么是 RSI 指标，RSI 的原理简单来说是以数字计算的方法求出买卖双方的力量对比，譬如有 100 个人面对一件商品，如果 50 个人以上要买，竞相抬价，商品价格必涨。相反，如果 50 个人以上争着卖出，价格自然下跌。

强弱指标理论认为，任何市价的大涨或大跌，均在 0 ~ 100 之间变动，根据常态分配，认为 RSI 值多在 30 ~ 70 之间变动，通常在 70 以上时被认为市场已到达超买状态，后市价格将出现回落调整。而当该指标跌至 30 以下便被认为是超卖，反弹回升即将到来。

通过 RSI 指标，能较清楚地看出买卖双方的意向，何时呈现超买状态，何时呈现超卖状态一目了然，从而使人们较好地掌握买入时机。不过，正如之前笔者反复提醒的那样，任何分析工具都有其优点和缺点，应用 RSI 的分析不能掉进公式化、机械化的泥潭中，因为任何事物都有特殊情况，RSI 超过 95 或低于 15 也并不出奇，不要低于 30 就入市买进，高于 70 就抛售，应当结合市场运行阶段与其他图形一并具体分析。

在震荡市道中，RSI 的功效比平常更为出色。当市场处于横向延伸状态时，价格往往起伏不定，徘徊数星期乃至数月。在这种情况下，RSI 却能紧密地跟踪价格的变化。RSI 的峰和谷与价格图线的峰和谷几乎精确地同步出现。因为两者均呈横向伸展的态势，所以其轮廓极为相似。然而，市场迟早会发生价格突破，形成新的上升趋势或下降趋势。从 RSI 的天性来看，在这种价格突破发生的时候，它已经处在极端位置了。如果突破方向向上，则 RSI 已经处于超买区；如果突破方向向下，则 RSI 已经处于超卖区。此时此刻，投资者进退两难，一边是看涨的价格突破信号，一边是摆动指标的超买状态显示，该不该买呢？或者，一边是看跌的价格突破信号，一边是摆动指标的超卖状态显示，该不该卖呢？

一般可以规定 RSI 指标 70 以上为超买，30 以下为超卖（如图7-10）。

图 7-10　上证指数 2000 年 7 月至 2001 年 3 月震荡趋势下的 RSI 指标

　　在这种情况下，我们最好暂时把摆动指标丢在一边，该怎么做就怎么做。理由是，随着重要的价格突破的出现，新的趋势尚处于早期阶段。此时，RSI 指标常常很快就达到极端区域，并且将在其中维持一段时间。碰到这种情况时，我们应当主要考虑基本的趋势分析，而让摆动指标暂时退到幕后。之后，随着趋势的日渐成熟，我们才逐步增加摆动指标在我们的考虑中的分量。

　　在单边行情中（见图 7-11），比如说在牛市初期，RSI 往往会很快进入 80 以上的区域，并在此区域内停留相当长一段时间，但这并不表示上升行情将要结束。恰恰相反，它是一种强势的表现。只有在牛市末期或熊市当中，超买才是比较可靠的入市信号。基于这个原因，一般不宜在 RSI 刚进入非正常区域就采取买卖行动。最好是价格本身也发出转向信号时再进行交易。在很多情况下，很好的买卖信号是：RSI 进入超买超卖区，然后又穿过超买或超卖的界线回到正常区

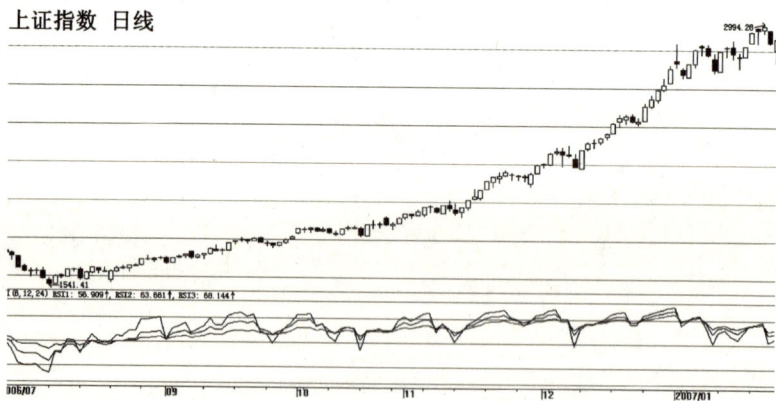

图 7-11　上证指数 2006 年 6 月至 2007 年年初日 K 线走势

域。不过这里仍然要得到价格方面的确认，才采取实际的行动。这种确认可以是：（1）趋势线的突破；（2）移动平均线的突破；（3）某种价格形态的完成。

2. 价值千金的 RSI 指标背离信号

与 MACD 指标一样，RSI 也是可以利用背离进行操作的，而且背离可能是 RSI 最有价值的应用。所谓相互背离，是指 RSI 曲线与价格线相互背离，各自朝相反的方向伸展。

在上升趋势中，最通常的 RSI 背离，是指价格保持上涨，RSI 处于高位（RSI 在 70 至 80 上时），并形成一峰比一峰低的两个峰，而此时，股价却对应的是一峰比一峰高，这叫顶背离。股价这一涨是最后的衰竭动作（如果出现跳空就是最后缺口），这是比较强烈的卖出信号（见图 7-12）。

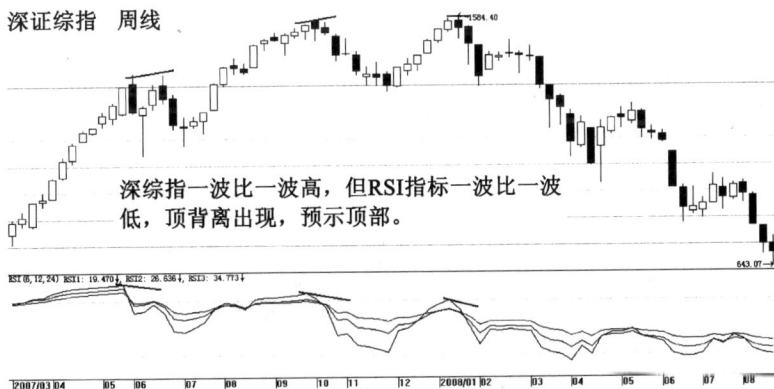

图 7-12　深综指 2007 年至 2008 年初顶部的演化过程（周 K 线）

在下降趋势中，如果 RSI 曲线不能验证价格趋势的新低点，就构成了所谓看涨背离，或曰正向背离，它是市场即将反弹（有时是短暂反弹）的先兆。在上面两种情形下，RSI 的形态常常与双重顶或双重底形态相似。在我们判别相互背离现象的时候，有一个重要的先决条件，即背离现象应当发生在摆动指标的极限区域及其附近。

举例来说，如果 RSI 处于 70 线之上，或 30 线之下，那么，此时 RSI 指数本身就已经处于较危险的境地，在这种背景下出现的背离现象，其意义当然非同寻常。在 RSI 超过 70 时发生的看跌背离，或者当它低于 30 时出现的看涨背离，均可能构成重要的警示信号，我们必须谨慎从事。

这种强弱指标与股价变动产生的背离现象，通常被认为是市场即将发生重大反转的信号。

第二种形式的相互背离，是指当 RSI 穿越了重要的峰值或谷值的时候，价格图形却未发生相应的突破。RSI 的读数及其标志水平，具有随着趋势方向向上或向下推移的倾向。RSI 曲线上的峰和谷，通常与价格图表上的峰和谷同时出现。如果价格处在上升趋势中，而 RSI 的峰和谷也呈现出依次上升的形态，那么，一旦 RSI 突然向下穿破了前一个显著低谷的水平，就经常预示着趋势即将由上转下。在下降趋势中，如果 RSI 向上冲破了前一峰值，当然也就意味着市场可能出现底部动作（见图 7-13）。

3. RSI 指标的应用诀窍：形态共振法

众所周知，当 RSI 指标在高位盘整或低位横盘时所出现的各种形态是判断行情、决定买卖的一种非常实用的技术分析方法。但在实际应用中我们发现，该形态也会经常出现失败的形态。如何才能提高判断成功率呢？形态共振法就能达到这样的效果。

（1）高位反转共振成功率高。如果股价在形态上走出一些重要的反转形态，比如头肩顶、M 头及三重顶，与此同时，RSI 指标在高位

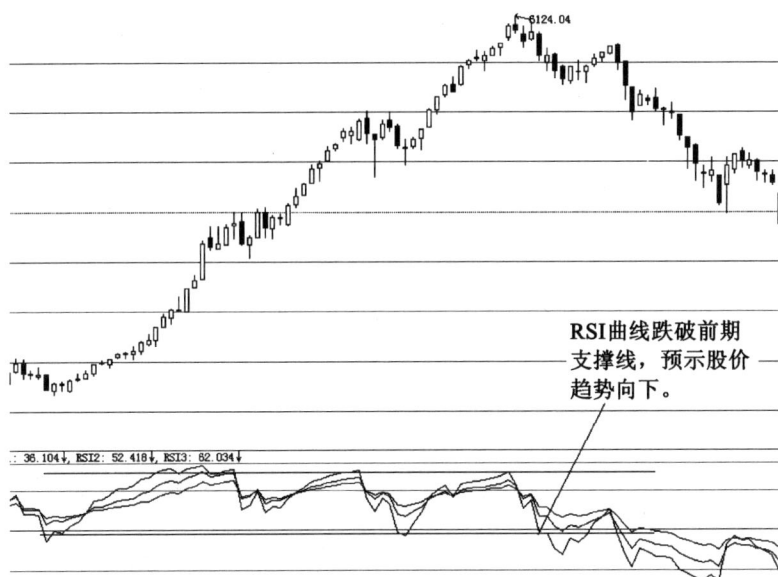

图 7-13　上证综指 2008 年初上升趋势的结束（周 K 线）

（50 以上）也形成了同样的形态，则意味着股价的上升动能已经衰竭，后市有可能出现长期反转行情，投资者应及时卖出。股价下跌的幅度和过程可参照头肩顶、M 头或三重顶等顶部反转形态的研判（见图 7-14）

　　（2）同样的道理，当股价在低位出现共振时，也是买入的好机会。具体操作如下：当 RSI 曲线在低位（50 以下）形成 W 底或三重底等低位反转形态时，意味着股价的下跌动能已经减弱，股价有可能构筑中长期底部，投资者可逢低分批建仓。如果股价走势曲线也先后出现同样形态则更可确认股价见底，股价的上涨幅度及过程可参照 W 底或三重底等底部反转形态的研判。

　　应用提示：一般来说，股价形态与 RSI 指标共振时，如果发生在

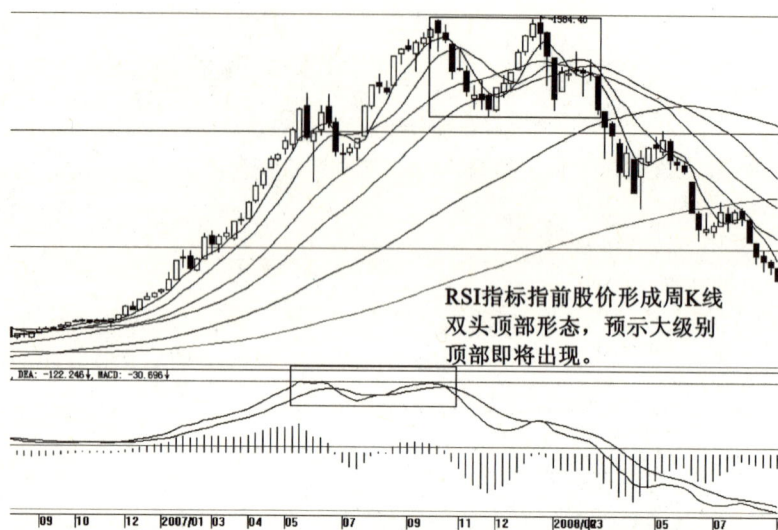

RSI指标指前股价形成周K线
双头顶部形态，预示大级别
顶部即将出现。

图 7-14　RSI 指标提前于深综指见顶（周 K 线）

顶部则成功率较高，若出现在底部则成功率相对较低。

RSI 指标的形态共振分析方法总体判断正确性较高。

如果你想进一步研究本书所讲述的投资理论，可参考以下书目：

《期货市场技术分析》，约翰·墨菲（美）

《艾略特波浪理论：市场行为的关键》，小罗伯特·普莱切特（美）

《道氏理论》，罗伯特·雷亚（美）

《江恩华尔街45年》，江恩（美）

《技术交易系统的新思路》，J. W. Wilder（美）

《看盘中级班》，尚真

后　记

本书截稿时，上证指数结束了 2011 年的疲弱走势，从 2012 年 1 月初的 2132 点开始步入缓慢盘升行情中，上证指数月线 CCI 指标在经过连续 5 个月的背离后，再度反转向上，A 股市场构筑历史大底的可能性与日俱增，2012 年很有可能是新一轮牛市的元年。按照波浪划分，正在酝酿之中的这轮新牛市将是三浪三级别的主升浪大牛市，很有可能是中国股市历史上持续时间最久、幅度最大的一轮牛市，希望广大读者朋友能够完整地分享这轮全民造富运动。

在本书面世之即，我要感谢大智慧培训中心总监江涛老师，她为本书的构思和部分重要的内容耗费了许多精力；感谢武汉大学出版社的夏敏玲老师，通过与夏老师的配合，本书几经修改，最终才能以最佳的状态呈现给大家。

几乎与本书诞生的同时，我心爱的女儿马一心也来到了这个世界。她长得非常可爱，给家庭带来了诸多欢乐。感谢我的夫人张丹丹，她一直是我事业与生活中坚强的后盾，怀孕期间依然在操持家务，她的坚强让我感动。谢谢我的岳父岳母，他们养育了一个完美的女孩。

　　我最需要感谢的是我的父母，是他们给予我一切，包括我的事业也是在他们的引导下走到了今天，他们一直是我事业与生活中坚强的后盾，是我依赖的精神支柱。

　　当然，还要感谢广大读者，只有得到你们的认可，本书才会完成它最终的使命。